城市交通的启蒙与思索

杨涛 著

中国建筑工业出版社

图书在版编目（CIP）数据

城市交通的启蒙与思索 / 杨涛著．—北京：中国建筑工业出版社，2018.6

ISBN 978-7-112-21952-0

Ⅰ．①城… Ⅱ．①杨… Ⅲ．①城市交通－交通运输管理－研究－中国 Ⅳ．①U491

中国版本图书馆CIP数据核字（2018）第049505号

随着中国城市化与机动化的持续快速发展，城市交通发展进入到十分复杂、困难且敏感的关键时期，既引起了党中央、国务院和各级地方党、政高度重视，也引起社会各界高度关注。同时，"互联网＋"时代到来、民间科创热情高涨、交通新技术发展，带来了共享交通，现代有轨电车，"巴铁""云轨"等新模式、新方式不断涌现，既对城市交通发展带来新变化、新机会、新挑战，也引起了业界、公众、媒体的热议甚至争议，以及政府的关注与响应。笔者作为一名有责任感的专业人士和人大代表，面对上述热点问题，第一时间以专业的视角，对中央城市工作会议和党中央、国务院《关于加强城市规划建设管理工作的若干意见》《关于推进经济领域供给侧结构性改革的意见》《关于创新政府公共资源配置方式的意见》等有关城市交通方面（如街区制密路网，城市交通领域供给侧结构性改革与市场化改革等）的精神与要求进行了深入思考与深度解读；第一时间就网约出租车、共享单车、"云轨"、现代有轨电车等新模式、新方式对城市交通发展的利弊得失、正确认识、准确定位、合理管治等进行了深入分析，提出了合理化建议；第一时间对"巴铁"这样的民间科创提出大胆质疑，并对其出发点、科学性、可行性作出专业判断与解读，也由此揭开了其背后故意炒作和恶意融资的黑幕；另外，笔者对我国城市"公交都市"创建、自行车等绿色交通救赎与回归、小汽车交通的合理管治等城市交通关键策略进行了较系统的论述。本书是《城市交通的理性思索》的姐妹篇，有兴趣的读者可以对照阅读。

责任编辑：焦　扬　陆新之
版式设计：锋尚设计
责任校对：焦　乐

城市交通的启蒙与思索
杨涛　著

*

中国建筑工业出版社出版、发行（北京海淀三里河路9号）
各地新华书店、建筑书店经销
北京锋尚制版有限公司制版
天津翔远印刷有限公司印刷

*

开本：787×960毫米　1/16　印张：16½　字数：250千字
2018年8月第一版　2018年8月第一次印刷
定价：60.00元
ISBN 978 - 7 - 112 - 21952 - 0
（31843）

序

城市交通所需要的不仅是技术，而且更加需要深层次的思考

读到杨涛教授所著新书，细细品味思绪甚多。近年来对于城市交通议论甚多，论文亦不计其数，但是大多是单纯的技术研究，或者是限于表象的问题议论。毋庸置疑，这类论文与讨论对于城市交通发展仍然有着重要的推动作用，但如果仅限于此，则难以解决根本性问题。

城市交通的一个重要特点，是其研究对象属于"社会—技术"系统，对其深入研究必须从社会与技术的相互作用进行深入的分析。这意味着我们不仅需要"技术方法"的研究，而且需要应用技术的"方法论"研究，也就是需要探讨使用各种技术方法的决策逻辑。缺少对后者的思考，各种技术方法无法形成合力，甚至可能导致负面效果。近年来城市交通发展出现的新态势、新问题已经超出了管理者和技术人员原有经验的范围，例如共享单车、分时租赁等反映出社会资本积极加入城市交通服务供给者的行列；公交需求的多样化与单一化公交服务之间的不匹配，反映出需求结构变化背景下交通服务方式调整的迫切性；"互联网+"和车联网等新技术的快速推进，形成未来发展态势可能出现的大转变等。变化要求我们不断思考，不断调整城市交通的决策逻辑。本书对于城市交通一系列重要问题的思考与讨论，恰恰是对城市交通处理问题方法论的研究所得。因此，虽是一本"小书"，却有着很厚的"分量"。

伴随着社会发展和技术进步，城市交通领域发生了巨大的变化。单纯"就交通论交通"、单纯技术之上寻找"一招制胜"的对策，都已经被实践证明了其不足以应对城市交通未来的挑战。本书中所讨论的交通与城市空间的联动发展问题、城市交通的供给模式与市场治理问题、社会公共资源的市场与计划配置的关系问题、"公交优先"战略的深入理解等，都涉及城市交通对策体系的决策逻辑思考。

城市交通的复杂，就在于其综合性。各种相对单一的问题集结在一起，相互影响、相互作用，形成了一个复杂的演变过程。面对这样的研究对象，各种模型、仿真和统计分析，尽管能够为决策提供重要的决策证据，但是如果缺少了正确的决策逻辑，则难以"自动"形成对策判断。这种决策逻辑并非单纯的理念，而是需要将发展理念与城市实践紧密结合，考虑到发展背景、发展阶段、城市形态、城市文化、服务对象等诸多方面，才能成为鲜活的、有效的、经得起检验的对策框架。

杨涛教授凭借自己扎实的理论基础、丰富的社会实践经验，所思所想中具有很深厚的内涵，也为当今城市交通研究提供了重要的观点和启示。城市交通是一场"持久战"，伴随社会发展其问题也在不断演化，认识问题的角度和思考方法不仅要在前人经验基础上不断积累，亦要"与时俱进"。希望本书读者能够在决策逻辑思考中获益，也盼望在城市交通对策方法论研究领域看到更多的理论与实践的丰硕成果。

杨东援

2017年10月于同济大学

目 录

序　　　　　　　　　　　　　　　　　　　　　　　　　杨东援

重点解读

002　1 正解"街区制、密路网"

013　2 初论中国城市交通供给侧结构性改革与需求侧管制

022　3 城市交通创新发展如何用好"无形之手"

　　　——创新城市交通领域公共资源配置方式的思考

032　4 公交都市的理解和对策

045　5 公交都市的制度建设与法治保障

热点评述

056　1 对中国城市快速公交BRT发展的反思与建议

062　2 从滴滴出行"大数据"分析看"专车新政"论辩

069　3 出租车究竟应该属私还是属公的讨论

085　4 拼车合乘:一个不该争议的争议话题

088   5 短评：巴铁发明创新需要遵循基本科学原理

091   6 对话的对话——与巴铁可行性研究报告作者商榷

096   7 "巴铁"事件，暴露了国民科学素养与创新环境营造的
       问题

102   8 大连，请千万珍惜硕果仅存的有轨电车线路！

111   9 中国城市自行车交通的捍卫与救赎

121   10 共享单车，自行车复兴之路的关键推手

129   11 新高铁枢纽城市：南通为什么最有条件建上海第三机场

137   12 快速路并非城市缓堵"神器"

141   13 "治霾标配"背后的希冀与反思

专题访谈

146   1 专家：盲目发展专车只能给紧张的城市道路添堵

150   2 访谈|合理布局，构建高效、综合、完善的公共交通
       体系

165   3 坚持公交优先、以人为本和精细设计，进一步提升南
       京城市交通枢纽功能与环境品质

"澎湃问吧" 问答

170　　1 热点交通政策

183　　2 公共交通发展

190　　3 汽车产业政策

203　　4 城市交通管理

211　　5 交通拥堵治理

218　　6 停车治理对策

222　　7 假日免费通行

230　　8 交通问题科普

243　　9 南京交通建言

251　　10 电动自行车

253　　跋

重点解读

1 正解"街区制、密路网"

1.1 引言

作为城市骨骼和血脉的城市路网，伴随着城市的产生、生长、演化，也经历了不断成长、发育和历史演变。城市路网的形态、密度、尺度与城市的主导交通方式、政治经济体制、城市规划理念和管理绩效等有着极为密切而复杂的关系。

世界上并不存在统一的、一成不变的、绝对科学的路网形态和标准。街区制、小区制，密路网、稀路网，小尺度、大尺度，开放性、封闭性等，都是相对的，其优劣好坏、绩效高低、适用与否也都是相对的，是因城、因地、因时而异的，不可简单仿效、照搬照套。

这次党中央、国务院发布的《关于进一步加强城市规划建设管理工作的若干意见》（以下简称《意见》）中明确提出"（十六）优化街区路网结构。加强街区的规划和建设，分梯级明确新建街区面积，推动发展开放便捷、尺度适宜、配套完善、邻里和谐的生活街区。新建住宅要推广街区制，原则上不再建

上海，密密麻麻的商品房将道路分隔（刘行喆 澎湃资料图）

设封闭住宅小区。已建成的住宅小区和单位大院要逐步打开，实现内部道路公共化，解决交通路网布局问题……树立'窄马路、密路网'的城市道路布局理念……"，是基于我国城市既有的路网体系严重失衡、密度过低（尤其是城市中心地区路网密度太低），主次干路尺度过宽，封闭管理的"小区"和大院过多、面积过大等情况，已经严重影响了现代城市的宜居生态、健康生活，严重影响了城市交通的安全便捷、有效组织、高效运行等严峻现实提出来的，有非常现实的针对性，对引导城市与交通健康可持续发展有着非常广泛而深远的理论与实践意义。

鉴于此，本文试图就"街区制、密路网"这个被热议的话题，从城市与交通规划专业的角度作深入解读，期望有助于对问题的准确理解、判断和理性的讨论与实践。

1.2 何为街区制、密路网？

东西方城市的路网体系结构、形态格局、道路尺度等差异，受到政治经济文化背景和社会管理模式的巨大影响。

古代城市社会组织总体就有街区制和里坊制之分。

西方城市从古希腊城邦时代开始进入公民社会，世俗意识、商业氛围浓厚，社会相容性和开放度很高。因此，城市路网格局基本都是小街区、密路网（小则20米×20米，提姆加德；大则50米×50米，米朗德）。路网密度高达50~100千米/平方千米！即使进入中世纪宗教统治时代，宗教场所为了达到对市民的教化统治，也对市民广泛开放。统治者的私人领地（庄园和私家花园）通常在郊外乡野。因此，我们看到的西方城市老城区的道路网，无论是规整式的还是自由式的，其密度都很高，尺度都较小（或七八米，或十来米，超过20米的大街很少），形成了完全开放式的小街区。

中国古代自秦朝统一六国，进入长达2000多年的封建农耕时代。以封建礼制为主导的主流意识，就是家国一统、皇权皇土、重农抑商、守土守职，映射到城市社会的组织上，就是采用里坊制，皇亲国族占坊为己、黎民百姓以坊为治；映射到城市路网布局，干路网就是严格按照《考工记》记述的一套符合封建礼制的所谓"九经九纬、经涂九轨、环涂七轨、野涂五轨……"的原则修造的大尺度、大街区方格路网。长安城最大的东西横街宽度竟达200米，南北中轴近150米，其余主街也宽达40~50米。平民走路，驴马出行使用的支路网则限制封闭在里坊以内。

直到宋代以后，我国古代工商贸易才逐步兴起，城市严格的里坊制格局有所转变。道路尺度大幅度减小、路网逐步加密。古代工商较为繁华发达的开封、扬州、杭州、苏州等城市的路网密度明显增加。

今天我们说的街区制，实际上指的是，按照现代城市与交通规划理论和原则规划建造的开放性街道所围合的、不设围墙的、开放的"街区"制式。其尺度大小完全取决于围合四周的道路间距大小，也取决于道路网密度高低。

而此次《意见》倡导的"街区制"，其实是指西方城市（包括日本以及我国香港、澳门乃至上海、青岛、大连、长春、鞍山等经历过殖民地统治规划形成的近代历史城区）常见的小街区、密路网的街区制模式，而非国内普遍存在的大街区、稀路网的街区制模式。

西方现代城市的小街区、密路网，有两大渊源。其一是工业革命带来的机械主义至上理念，崇拜机器、崇拜几何、崇拜直线等观念，反映在城市规划设计与建造领域，就是全部以纵横直线划分为规则的小街区方格网路网模式。其二是市场经济和土地私有化，认为只有小街区、高密度路网才能极大提高沿街铺面面积，从而带来土地开发价值和物业商业价值的最大化。世界上最典型的小街区、密路网的城市，有纽约、巴黎、伦敦、巴塞罗那等，其路网密度都高达14～18千米/平方千米，纽约更高达20千米/平方千米以上。

日本城市的路网密度为什么也这么高？二十年前我第一次出访日本，曾请教名古屋市规划局局长，得到的答案很清楚：一是学习中国古代长安的模式；二是为了使临街铺面面积最大化。日本奈良（古代称平城京）的城市道路网布局是中西方文化结合的典范，其干路网体系参照中国都城干路网模式布局，支路网则参照西方商业社会的小街区、密路网模式布局。

1.3　大院制、大马路、稀路网的由来及其影响

中西方的不同政治经济体制、文化背景和规划理论背景造就了现代中西方城市的路网形态格局和密度尺度的巨大差异。

中国自1949年之后，实行了四十多年的计划经济，就业组织安排、居住福利分房、生活计划供应，全部都由"单位"负责，大院划分、大墙围合、前店后居、骑车步行，一切搞定！这样形成了大机关、大院校、大企业、大部队的大单位、大院制模式。在计划经济时代，这种前店后院式的功能布局模式，倒也相安无事！因为在当时的社会状况下，这是一种交通需求量产生最小、对机动性交通依赖最小的布局模式和生活方式。

规划的路网则参照了苏联的道路交通规划设计规范标准，采用大尺度、大街区、低密度的规划布局模式，与大单位、大院制社会组织也完全契合。在机动交通需求最小化的背景下，也没有产生太大的交通问题。

20世纪80年代，随着"文化大革命"结束，改革开放，计划经济终结，市场经济兴起，在土地市场化、就业市场化、住房市场化、消费市场化、服务市场化，甚至上学、就医等也都市场化的情况下，交通需求分布、出行方式依

赖、交通消费选择等，迅速冲破了大院制围墙阻隔，冲向了全市区的每一个可选择的角落！以人公里、车公里计算的交通需求总量呈十倍、数十倍甚至上百倍增长！与大院制、低交通需求、低机动性依赖相匹配的大尺度、低密度的路网模式已完全不适应市场经济制度、经济高增长、人口高集聚、机动化迅速到来的时代要求！层次单一、密度极低，被各种院墙分隔而支离破碎、天窗百出、脆弱不堪的传统道路网，难于担当走出大院的步行、自行车交通安全连续、便捷、舒适之需；难于满足市民对便捷可达的公交服务覆盖之求；难于承受爆发式增长的机动交通需求之重！

如果说，旧城区大院制造成了路网破碎，苏联式规划造成了大尺度、稀路网，是两个时代，两种体制的冲突，总归还是情有可原；那么，令人感到悲催的是，改革开放后，在二十多年来的市场经济主导下规划建设的城市新区、新城路网，依然是大尺度、稀路网，甚至比很多旧城区的路网密度还低、道路尺度更宽！这似乎匪夷所思，难于解释了！

这其实也与三十年来的城市与交通规划学科建设、制度建设和社会主义市场经济成长发育过程密切相关。首先，是我国的城市与交通规划学科建设的严

重滞后。直到20世纪70年代末，我国只有道路桥梁工程学科，没有研究城市与区域交通特性及其规划、控制、管理的学科存在。20世纪80年代初才在同济大学、东南大学（当时的南京工学院）少数高校开设交通工程学科；原有的城市规划与建筑学科主要专注城市空间形态与建筑艺术，对交通也没有给予足够的关注和研究。

其次，虽然30多年来城市交通规划理论研究和实践经验已取得长足进步，但包括城市道路网规划在内的城市交通规划设计技术标准与规范修订严重滞后，大部分还基本沿用苏联的。现行规范标准要求的大城市道路网密度上限也仅有7.5千米/平方千米，只有发达国家城市路网实际密度的1/3。以致三十多年来规划建设的城市新区新城路网密度依然严重不足！

再次，我们的市场经济还是不成熟的市场经济。城市土地是城市最重要的空间资源；经营城市最关键的是经营城市土地资源。事实上，土地收益已经成为城市政府甚至中央与省级政府公共财政供给的最大来源。但我们的土地经营几乎完全基于一次性的土地出让和房地产开发，而并没有建立如大部分成熟市场经济国家那样的基于土地、房产、物业、商业等一体化、可持续的财政税收政策。由此导致，三十多年来，我们的城市开发基本上是单纯的房地产开发，缺少有规划的成规模成片的商业地产、金融地产、服务业地

北京　　　　　　　　　　　　　　　　　曼哈顿

产开发。政府和开发商都只注重土地出让开发当期收益。政府并没有将公共财税收益与城市路网密度（实质就是临街商业面积）联系起来。几乎所有开发商拿地后，都必然想方设法在政策法律框架内寻找理由打擦边球，或干脆收买权力寻租者突破政策法律框架，减少支路、绿地、公交场站等公共设施。

以上多因素叠加的结果，直接表现是我们新规划建设的新城区路网密度极低，城市与交通效率极低；更要命的，一是对城市土地资源疯狂掠夺，二是政府公共财政可持续性极差。

1.4　为何倡导街区制、密路网？

厘清了街区制、密路网，和大院制、稀路网形成的不同历史背景、政治经济等渊源，以及两种模式对社会发展的影响，也就不难理解，党中央、国务院提出的"加强街区的规划和建设，分梯级明确新建街区面积，推动发展开放便捷、尺度适宜、配套完善、邻里和谐的生活街区"为何十分必要，意义重大。

其最主要的重大意义不在于缓解城市交通拥堵，而是首先在于其经济意义，可以促进城市土地高效利用、提高土地利用效率和效益，繁荣城市商贸服务，保障公共财政可持续能力；其次在于其社会文化意义，有利于构建更多尺度宜人、开放相容、邻里和谐的生活街区，提高城市活力、品质和民众互动交流的机会；第三才是交通意义，主要并非缓解交通拥堵，而是提升公交线网的通达性和站点服务覆盖率，提升步行、自行车交通网络的连通性、便捷性，均衡道路交通流分布、改善微循环交通组织等。

1.5 如何推行街区制、密路网？

如上分析，街区制、密路网的推行，一是有赖于从源头抓起，而非头痛医头、脚痛医脚；二是新旧有别、因地制宜；三是循序渐进、逐步更新；四是破墙为路、微创织补；五是以人为本、宜居活力。

具体说来：第一，尽快改革国有土地出让和相关税收政策，从源头促进土地开发模式的转变，带动街区制、密路网的推行。允许和鼓励公共设施用地联合开发；促进和鼓励商业地产、金融地产、旅游地产等多元化土地开发；适度控制房地产开发；加快推进实施房产税、物业税、消费税、交通便利税等多税种改革。

第二，加快修订出台城市规划和交通规划设计规范，大幅度提高道路网密度，适当控制道路红线宽度。

第三，改进城市设计、城市控制性规划方法，鼓励小街区、密路网规划模式，不同性质地块必须以道路（特别是支路）分隔，避免地块与地块以墙粘连。

第四，严格规划督查制度，杜绝随意修改控规，随意取消规划支路。

另外，中央《意见》明确指出："新建住宅要推广街区制，原则上不再建设封闭住宅小区。已建成的住宅小区和单位大院要逐步打开。"这体现了实事求是、因时因地制宜的科学精神。

我认为应当强调的不仅是新建住宅，更重要的是新规划建设的新区新城，尤其是新规划建设的高强度开发的中心区、综合枢纽地区、轨道和公交枢纽周边地区，都应当按照街区制、密路网模式规划建设。反倒是新建住宅区，未必一定要一刀切采用街区制模式。国外城市外围新建住宅区也大量存在封闭式的大院模式。

可以说，除了那些驻扎在城区的大院校、大机关、大企业、大部队等之外，我国大部分城市的旧城区，特别是历史城区的道路网密度，虽然相比西方国家的城市要低不少，但还是明显高于城市其他地区。旧城区内20世纪80年代后逐步建设的住宅小区规模都不是太大（占地大于10公顷的大尺度封闭居住小区并不很多）。这些小区并不需要拆除围墙、打开大门。真正需要考虑择机适当破除围墙的是那些占地远大于10公顷的大机关、大企业、大院校、大部队。

旧城区破墙加密支路网可以分门别类进行梳理，区别对待，规划预控、择机实施。主城内的大企业，这些年大多已经退二进三，在改造过程中，应尽量加密支路网；大机关应带头破除围墙、打开大门，或迁出中心地区；部队机关和高校至少可以将它们的宿舍区与工作区或教学区分开，让城市次干路或支路通过。另外，在可能的情况下，应优先考虑拆分单位与单位之间粘连式的隔离围墙，改为城市支路，以便打通断头路、疏通毛细管。还需要着力推进的是街巷整治出新，拆除违章搭建，减少路内停车，特别是违章停车。

1.6　南京老城区路网加密的成功实践

南京是著名的国家历史文化名城，六朝古都、十朝都会，虎踞龙盘、山水城林，明故宫、朝天宫、天妃宫、总统府等大院均为不可移动文物，紫金山、玄武湖毗邻占据整个南京城东北第一象限；南京也是国家最重要的科教文化中心之一，南大、东大、南医、河海、南航、南林、南师大、南工大以及中科院的地理所、古生物所、天文台等著名高等院校、科研院所封闭式大院均汇集老城内；南京又是大军区、大战区所在地，南京军区机关、南空机关、省军区机关大院，加上省级机关大院、市级机关大院也集中在老城区；还有南汽、熊猫、三乐、金城、晨光、旭光等知名大企业集中在老城区。

很容易想见，南京老城区的道路网，是一张怎样支离破碎、残缺不全的

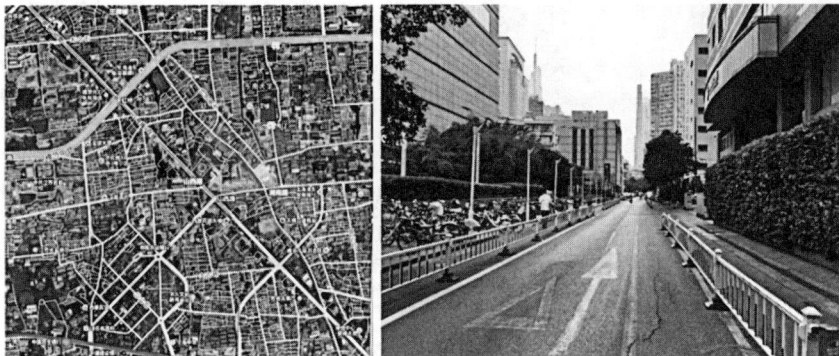

南京老城区路网

路网!

直到20世纪90年代中期，南京老城区的总体路网密度只有可怜的2.5千米/平方千米左右。老城内很多地区是大片公交盲区，步行、自行车系统连续性和便捷性极差，长距离交通、短距离交通，机动交通、非机动交通，公共交通、非公共交通等，全部汇聚到屈指可数的主次干路上。在机动车保有量只有20万辆左右的情况下，高峰时段城市道路就开始出现常态性交通拥堵！

1996年，隶属规划局的南京市交通规划研究所（南京城交院前身）刚成立，就承担完成了面向"三年面貌大变"的城市交通近期建设规划。他们向市领导强烈建议，在加快推进城市主干路建设的同时，要以消除公交盲区、疏通微循环交通为目标，结合旧城更新和棚户区改造，同步推进次干路和支路建设。规划部门委托交通所编制了《老城区支路网规划与实施方案》，报市政府后，得到时任分管城建副市长的高度肯定，批示"要将城市支路网加密建设提高到城市交通发展战略高度认识"。

经过近20年不懈努力，综合采取了上文提到的各项措施，南京老城区总体路网密度从2.5千米/平方千米提高到了近8.0千米/平方千米。这样带来的效果是多方面的：第一，大量消除公交盲区，增加公交线网密度和站点服务覆盖率，创造了公交分担率从1997年只有8.2%，至1999年3年迅速提高到19.2%的奇迹；第二，步行、自行车交通网络得到明显改善，干路机非冲突减少，交通秩序大为改观；第三，干路交通压力减轻，交通拥堵有效改善。由此，南京成为当年第一个也是唯一的全国畅通工程一等示范城市，随后又获得国家人居环境范例奖。其实，由次干路和支路网加密带来的沿街商业面积、就业岗位、商业税收等大幅增加，也是不可低估和忽视的。

（本文于2016年2月28日由澎湃市政厅公信号首次发布）

2 初论中国城市交通供给侧结构性改革与需求侧管制

编者按：城市交通问题复杂，涉及公共品的供给、使用者的权利、新技术的变革等。本文作者系资深交通专家，以"供给侧改革"发散，对现实中普遍存在的城市交通规划、管理、政策措施等问题，进行了系统的梳理。文章所阐发的内容，与"去产能、去库存、去杠杆、降成本、补短板"等原意，或许并非完全贴合，但足以引起思考。

改革开放至今，中国的城市与交通发展走过40年。中国人口净增4亿，城市化水平由19%提高到56.1%，城镇人口由1.8亿增加到7.9亿，净增6亿多，翻了两番多。民用汽车由155万辆增加至2015年底的1.7亿辆，增长了108倍！可以说，中国的机动化进程，是在没有充分思想准备、制度准备、政策准备和法制准备的背景下，以机动车爆炸式增长为特征，飞奔而来的。

尽管在汽车产业政策出台之初，中国城市交通界的有识之士表达了极大担忧，提出了相应的忠告和建议，但遗憾的是，他们微弱的声音，很快被以GDP增长为主导、几乎无条件迎合汽车数量增长的强大声音淹没了。

中国城市交通发展到今天，面临非常严峻的形势。面对城市道路交通日益拥堵，各城市政府纷纷投入巨资，建设或改善道路交通基础设施。应该说，这些投资和建设大部分是必要的，也是有成效的。

毕竟，中国城市道路交通基础设施薄弱，与发达国家的差距巨大。在城市化与机动化联动发展进程中，道路交通基础设施建设，既可弥补综合交通体系原先的不足和短板，增强道路交通供给与服务能力；又可拉开城市框架，引导城市功能疏散和结构优化。

但客观讲，中国城市交通建设和发展中，有很多令人担忧的问题与教训。如城市交通发展战略与政策缺乏顶层设计；对小汽车过度依赖纵容；城市与交通规划理论和规范标准体系严重落伍；重设施建设，轻系统管理；重供给能力提升，轻需求调控等。

另外，城市交通基础设施建设中，存在大量无效投资；城市交通管理中，以人海战、运动战、疲劳战为主，相应的科学化、法治化、精细化、长效化管理严重缺失；城市交通需求管理措施中，存在被动应对、粗放强制等

问题。不同交通政策措施中，存在着相互脱节、相互冲突、自相矛盾的状况——如城市规划与交通规划脱节，交通建设与交通规划背离，交通管理与交通政策背反等。

还有，对不可再生能源的依赖，中国石油能源进口依赖程度超过60%。另外，因城市交通行业的投资，城市政府公共财务负债水平攀升，这种局面也已到了拉警报的时候了。

中国的城市交通发展没能摆脱"当斯定律"的魔咒（单纯依赖道路设施建设迎合小汽车交通需求，非但不能满足其需求，反而诱增更多机动车交通，非但不能缓解拥堵，反而令其进一步加剧），不幸重蹈了西方国家城市和新兴工业化城市的老路和覆辙。这样的形势若不能及时扭转，其后果可能要比这些国家和城市更糟糕。

他山之石，可以攻玉

西方国家和新兴工业化国家与地区，在经历小汽车爆发式增长带来的黑暗交通年代后，很快觉醒，意识到城市交通理性发展之路，是必须及早摆脱过度依赖小汽车交通，优先建设多模式高品质完整公共交通体系，道路交通基础设施资源应优先保障步行、自行车和公共交通路权,对小汽车的拥有(高额牌照税)、使用(高额燃油税、拥堵费)、停放(高额停车费)进行约束等。

对中国城市交通发展而言,需要广泛学习借鉴国际行之有效的先进理念、技术和经验。香港、新加坡、台北、首尔等20世纪80年代兴起的亚洲四小龙的城市交通发展路径、政策和经验,更值得学习借鉴。其经验主要体现在:第一,有节制地建设大容量轨道交通(目前建成使用的轨道交通里程都在300千米以内),并与土地开发紧密配合;第二,大幅度开辟公交专用道,提供公交优先路权保障;第三,发展多层次公交体系,包括中巴、小巴、支线公交和灵活公交等;第四,适度完善道路网体系建设;第五,对小汽车拥有、使用和停放实行高费用管制调控。这些以人为本、综合施策,精明增长、精打细算,花小钱办大事的宝贵经验很值得我们学习。

应该说,在中国城市交通当前发展阶段,供求矛盾还是主要矛盾,而在供求矛盾背景下,既有供给侧结构性失衡的问题,也有需求侧引导、调控和管理的问题。这两方面的问题交织,使中国的城市交通发展态势十分令人担忧。

城市交通问题必须以综合、协同、动态为原则。从综合交通体系上，进行整体思考、系统认识、综合施策、标本兼治。同样，对城市交通供给侧结构性改革的认识，也应回归整个交通体系的构建和发展。城市交通的供给侧矛盾，既是刚需要求，也还有进一步优化提升的空间；同时，交通基础设施供给方式、供给结构、供给路径等，还有很多问题需要认真研究。此外，不能光强调供给侧改革，需求侧改革更重要，这两点不可偏废。

城市交通的供给侧结构性改革

2016年初，习近平总书记在中央财经工作领导小组会议上，提出经济领域要推行供给侧改革，去产能、去库存、去杠杆、降成本、补短板。仔细想来，这"三去一降一补"供给侧结构性改革举措，对城市交通发展也适用，需要全面思考，对症下药。

第一，去产能。城市交通领域去什么产能？核心问题仍围绕城市交通发展理念，是以人为本，还是以车为本？这四十年，各地城市政府对道路交通基础设施建设投入非常大，但主要投入的产能用于什么？目的是机动车排堵保畅，却忽视了公共交通、步行和自行车交通的优先供给和优先发展，这是问题的关键。其直接后果是，一方面助长了小汽车爆发式增长的势头，另一方面延误了绿色交通优先发展的最佳时机，从而导致不少城市路越建越堵。

更突出的是一些城市将城市快速路直接修建到市中心，使本已不堪重负的市中心交通雪上加霜。甚至有的城市提出以TOD（TOD原意是公交导向的城市开发，不是简单的交通导向的城市开发，更不是小汽车交通导向的城市开发！）为名，要将高速公路修到市中心，而在人烟稀少的郊外修建大容量轨道交通！这实际是一种违反科学规律的反效投资建设！总有一天，当政府和市民真正觉醒，很可能会像美国的波士顿、韩国首尔等城市，将已在市中心建设的这些不适当的快速道路拆除，把生态、生活空间还给城市，复兴那里的优美环境，以及商业与生活气息。

还有公共交通领域存在的缺乏科学规划、盲目决策而造成的低效投资。如各地正在兴起的豪华有轨电车建设，又比如南京的跨石臼湖轨道交通、厦门的高架自行车道、广东的超级绿道工程等。这些低效投资，尽管一时拉动了当地GDP，但并未吸引和提升公交客流，或为绿色交通出行改善带来明显的实质性的帮助，还给政府背上沉重的运营维护成本包袱。

第二，去库存。城市交通的库存在哪里？比如停车供给。一方面，停车供给严重不足，从原来的标准看，完全不适合机动车时代；但另一方面，现在调整的停车配置标准，几乎全球最高，可这也不能满足停车现状需求，还需要进一步调高停车配建标准。

实际上，这也是不动脑子的傻瓜举动：没有体现"以静制动"和差别化供给的城市交通发展理念与策略；停车供求矛盾突出的老城区、中心区，不宜盲目增加停车供给；老旧建筑无法通过提高配建标准缓解供求矛盾；新区建筑过高的停车配建，既可能造成大量停车库存，更会造成新区过度机动化，使新区交通比老城交通更拥堵。如果再这样下去，就要挖至地下三层、四层、五层，甚至更多层，来建设地下停车库。这些库存沉积下来，是否只能成为负资产？是否还可能转化用途？其以后的用途是什么？

再看很多大城市，公共汽车高达数千乃至数万辆，大家都在质疑政府补贴过多，但其中又有多少有效的供给产能？这是否也需要反思？

另外，出租汽车一直被认为供不应求，这其实是一个认识误区。因为，出租车交通不属于普惠性的基本公共服务。而现在网约车出现，以共享经济、新科技为名，希望对其无限制放开、无节制发展。但城市道路交通资源整体存在严重的供求矛盾，这样做是否合理与可行？这个"库存"又如何去？眼下，国家和地方网约车管理新政陆续出台。而新政出台后，受限的网约车出现随意加价的乱象，更暴露了所谓"分享经济"的虚妄。

第三，去杠杆。交通系统领域的"杠杆"很多，包括舆论、机制等。中国真正进入小汽车普及的时代，不过20年左右。中国是全世界公车最盛行的国家。公车既是权力象征，又是假公济私的便利工具。在这种状况下，

决策者、管理者即使口头支持公交优先，但其愿望和行动都是要为小汽车交通创造便利。公交优先口号喊了快40年，因体制机制和法制保障，实质推动举步维艰，包括限牌限号、拥堵收费、停车费调整等，这些围绕小汽车交通调控的政策，每次都会受到不同部门、不同专家的质疑，每每胎死腹中。中国城市交通政策对小汽车交通过于宽松，中国的小汽车交通进入严重非理性的误区。

第四，再说降成本，包括出行者成本、物流成本、城市运营成本、政府管理成本等。这些情况很复杂，需要反思、研究和改进的地方也很多。当下中国城市居民出行，其直接担负的经济成本不高，但日益严峻的交通拥堵造成的出行者时间成本和体力成本、与空气污染相应的健康成本、不同交通方式管理体制分割造成的企业物流成本、非理性交通发展政策导致的全社会边际成本等，都很高。

第五，补短板。城市公共交通短板很多，需要从规划体系全面反思。

城市轨道交通短板的问题很沉重，既有总体供给水平问题，又有体系层次结构问题，还有建设标准、制式模式、运行组织等多方面问题。一味简单追求轨道交通规划建设里程数，非但不能有效发挥大容量公共交通方式应有的效能和作用，更会给城市政府背负沉重的财政包袱。

路面公共交通的路权保障缺失，是制约公共交通准点率、吸引力的关键短板。

经济实用的中运量公交以及快线公交、支线公交、学校医院公交、定制公交等多样化公交的缺失，是制约公共交通优先发展、主导发展的第三大短板。而保障公共交通公益性与政府和公交企业财务可持续的制度缺失，是制约公共交通健康发展的第四块短板。

这些问题必须正视，探索妥善解决的方案。城市快速路要保持城市必要的基本机动性，既不能过于依赖和过度建设，也不能完全缺失。城市支路网的缺失，是中国城市普遍存在的突出问题，既影响公交线网服务覆盖，又影响步行和自行车交通系统完善和城市的微循环交通组织。客货运综合枢纽、精细化交通设计和设施配置的短板，也在中国城市中普遍存在。此外，我国城市交通领域中的制度缺失、法治缺失等，这类短板更多。

城市交通需求管理

城市交通需求侧调控和供给侧改革必须联动，其核心问题是小汽车交通政策，包括小汽车拥有、使用、停放等方面。在需求侧如何引导小汽车交通理性消费，我们可借鉴欧洲城市，还包括新加坡、日本等国家和我国香港、我国台湾等地区的经验。

小汽车交通发展到目前阶段，确实需要全面反思。低成本拥有、低成本使用、低成本停放、低成本违章违法的政策，再也不能继续下去了。

此外是土地利用政策，希望从公交都市、公交社区、公交楼宇等多个层面，全面构建一种真正能让人短距离、高效率、安全舒适出行的紧凑型城市空间模式、集约化土地使用和低碳绿色化交通模式。

还有，如错时上下班、鼓励合乘、鼓励在家办公、公交换乘优惠、鼓励共享单车等多种交通减量、错峰等交通需求管理策略也是值得积极尝试和推广的。

结语

过去以增量和体系构建为主的综合交通体系规划，需要进行重大革新与回归，重新审视如何从空间经济学、人的行为经济学、行为心理学等角度，构建交通规划体系、交通研究体系。

有四点建议：一是交通规划要从机动性导向的增量规划体系回归到以人为本导向的人和物的可移动性规划体系；二是要从单纯的设施规划导向回归到政策规划、设施规划、管理规划等同步的规划体系；三是需要从愿景目标导向的规划回归到目标导向和问题导向并重的体系规划、改善规划和行动规划的融合；四是回归到健康城市、健康交通导向的城市与交通整合规划，并突出公交导向、绿色交通导向的城市空间模式、土地开发模式、日常生活与出行模式建构和营造。

衷心感谢汪光焘先生、全永燊先生、杨东援先生、徐康明先生等前辈、学长不吝指正！

（本文于2017年2月2日由澎湃市政厅公信号首次发布）

3 城市交通创新发展如何用好"无形之手"

——创新城市交通领域公共资源配置方式的思考

为解决当前政府配置资源中存在的市场价格扭曲、配置效率较低、公共服务供给不足等突出问题，日前，中央办公厅、国务院办公厅印发《关于创新政府配置资源方式的指导意见》（以下简称《指导意见》），提出从广度和深度上推进市场化改革，创新公共资源配置方式，大幅减少政府对资源的直接配置，更多引入市场化机制和手段，提高资源配置效率和效益。

城市交通既是支撑城市生产生活不可或缺的公共基础设施和公共服务，同时也是城市重要的基础产业和服务性行业。它的规划、建设、运行和维护，既需要政府政策的指导与引导、支持与扶持、监控与监管，同样也应当尊重遵循市场规律、准确运用市场机制。但是，目前在我国城市交通领域，同样存在资源配置效率较低、市场价格扭曲、公共服务供给不足、政策导向不明等突出问题。《指导意见》为推动城市交通领域供给侧结构性改革，突破长期存在的政策失当、结构失衡、市场失灵、资金缺乏、效率低下等实际问题，引导城市交通科学发展、理性发展和健康可持续发展，具有极为重要的指导意义。

一、我国城市交通领域政府配置资源现状与相关问题剖析

城市空间资源是城市最紧缺、最宝贵的公共资源之一，既是城市生产、生活、生态的赖以生存发展的最主要载体，也是公共财政税收和社会产业发展不可或缺的主要资源。目前我国城市交通空间资源配置过度依赖政府直接配置方式，未能充分引入市场机制和市场化手段，以致资源配置的效率和效益低下。

首先，国家汽车产业政策已经强力推行了30余年，而至今没有制定出台国家层面适合我国国情的差异化汽车交通政策。小汽车已经无差异化地、迅猛地进入了我国大中小城市百姓家庭，潮水般涌入了城市大街小巷、各个缝隙和角落。为应对小汽车快速普及化带来的迅猛增长的机动交通出行需求，政府可谓殚精竭虑！政府投入巨资，修建了大量快速路、主干路，拓宽次干路、支路，建设停车场、施划停车位等。但是，这样的努力非但并没有带来城市交通拥堵缓解，拥堵反而已经从一线、二线特大城市向广大中小城市乃至小城镇迅速蔓延！一些饱受常态化严重交通拥堵困扰的城市迫不得已以行政命令方式而非市场经济方式采取了突袭式、强制性的限牌限号限行措施，受到公众、媒体以及各方专家的质疑和诟病。

其次，我们是人口大国、资源小国，短短不到20年的小汽车普及化已造成交通拥堵和空气污染在全国迅速蔓延。公交优先、绿色交通是我国城市与交通发展不二的战略选择，而且必须强力推进。然而，城市轨道交通建设运营、公交枢纽设施建设运营等面临着严重的资金短缺和财务不可持续的风险，日益扩大的公交巨额补贴也使政府公共财政不堪重负。政府主导的交通基础设施建设经营与市场化的城市土地开发两种不兼容的模式以及土地出让制度等客观现实环境的制约，难以实现空间资源的整合一体化高效利用与土地增值收益回馈（Value capture）。这正是阻碍有效引导城市空间结构优化、提高城市土地开发效率和效益的"TOD"模式在中国大陆发展的根本原因。

最后，互联网+新金融以及交通领域的网约出租、网约公交、共享单车、

共享汽车等"共享交通"新模式如雨后春笋般出现，并以政府、社会、公众均难以反应和准备的速度迅猛涌来。而这些不同的"共享交通"新模式对城市交通时空资源占用、对正常城市交通系统和运行管理秩序维护、对公众人身及财产保护，以及公共资源、公共服务的公平分配与分享等均存在重大影响，哪些应当鼓励、哪些应该控制、哪些应当规范、哪些应当监管等一系列问题亟待解决。

二、国际城市交通发展的成功经验

国际各大城市结合自身社会经济制度和城市化发展历程，协调城市交通领域政府与市场关系，创造了很多成功的经验，可提供有益参考。

中国香港：市场化主导下的政府、公众与资本的精明协作

香港政府很早以前就意识到土地资源为香港最宝贵的资源。早在20世纪70年代香港政府即明确了香港城市交通不能承受小汽车普及化发展，确定必须以公共交通作为香港城市交通发展主导方向。长期以来，强调坚持公交优先发展的同时，坚持管理道路资源的有效利用，出台各种限制小汽车无序增长的管制措施，包括实施车辆首次登记税、车辆牌照费、燃油税、道路拥堵收费及市场化的路外停车收费等诸多经济手段。香港轨道建设实行土地开发与地铁捆绑模式，包括大型公共建筑、住宅区建筑，港府在《地铁条例》中赋予地铁公司绝对的商业运营权利和责任，支持轨道公司与地产商联合运作，既实现了城市空间结构沿轨道重组和城市轨道资源紧凑集约高效使用，又实现了轨道交通建设与运营的财务平衡。香港轨道交通是全球唯一盈利而无需政府补贴的城市轨道交通，堪称世界典范。同时采用市场化运作方式开展公交运营与服务，包括逐步私有化的铁路运营、市场主导的常规公交和完全市场化的辅助公交。政府在保障公众获得满意的公共交通服务、公交企业获得合理收益的前提下，引入市场机制，采取特许经营与票价弹性浮动的模式，实现了市场化运营与公众

服务保障和政府服务监管的共赢。

东京：轨道交通建设运营市场化、多元化

日本作为岛国，土地资源十分有限，始终坚持采用市场化、多元化模式推动区域与城市轨道交通建设和运营，形成了发达的轨道交通网络，轨道交通成了区域和城市交通的主导方式。第二次世界大战前后，私营企业投资建设经营私铁并开发沿线新城；1960年后，东京都鼓励社会资本、多元主体参与地铁建设运营，同时政府加大投入，推动了地铁快速建设；1987年启动国铁民营化改革，强调客运和枢纽物业开发并重经营。其中，东京都市圈私营轨道公司19家，私营轨道里程超过1000千米。20世纪初东京人口快速增长，在外围提供住房需求旺盛，私营公司投资建设私铁，通过私铁建设与地产、商业开发捆绑获得利润，平衡轨道交通建设运营投资。值得指出的是，1970年前私铁建设运营完全由私营企业市场化运作，政府未给予任何补助。20世纪90年代后，随着东京经济衰退、人口减少，为提高私营铁路公司参与新建、改造项目的积极性，加大政府补助力度，同时遵循市场原则，构建"受益者负担机制"，由地铁沿线开发商无偿提供轨道建设用地、分摊轨道建设费用。

欧盟：用者自负共识与市场运作机制

在市场经济成熟的欧洲城市，各交通方式使用者应支付其应承担的所有费用越来越成为共识。欧洲运输部长联合会发布《公共运输白皮书》，提出交通运输应体现全成本分配原则，如荷兰政府将定价作为其交通政策关键要素。

交通管理部门引入市场机制有两种途径，一是向私人公司分配市场份额。即公共部门将运输市场的部分管理权委派给私人决策者，政府通过制定一系列刺激手段、规章和监测方案以确保私人代理人的行为符合公共的目标和要求。如欧洲城市普遍采用的公交联盟体制和政府购买公交服务制度，公交联盟由议

会监管，负责公交规划、票价、考核、建设资金帮助等，但不干涉各运营商的具体运营；政府通过规制和考核评估，向公交企业购买服务。

另一种是政府提供公共服务中体现市场、价格等一些原则。如普遍实行高燃油税、高停车费、高打的费等，伦敦、斯德哥尔摩、米兰等城市通过征收道路拥堵费、交通排污费等，提高小汽车使用成本，将小汽车交通造成的环境污染、占用道路资源部分成本外在化，由使用者承担。

三、关于创新我国城市交通资源配置方式与引导政策的建议

按照党中央和国务院《指导意见》精神，借鉴国际先进城市交通发展的成功经验，结合我国国情和城市交通发展实际情况，我们建议应当从保障人和物的可移动性的根本目的和保障人与生态的和谐共处、可持续发展终极目标出发，充分发挥市场在资源配置中的决定性作用和更好发挥政府作用；科学分配城市道路交通空间资源，合理分摊因道路交通空间资源占用、使用及其外部影响的成本，引导人们理性的出行选择；引入市场机制，盘活城市轨道和公交资源，解决轨道和公交建设运营财务可持续难题；运用适当的市场手段和竞争机制，提高公共交通的吸引力、竞争力和服务水平，营造绿色、高效的城市出行结构与交通模式。具体建议如下：

1. 以公平的市场原则创新道路空间资源配置和使用

城市道路空间资源也是城市极为有限而珍贵的空间资源，同时又是参与者、使用者和相关者最广泛的公共资源，如果分配不好、管理不好，既很容易陷入"公地悲剧"陷阱，也将使城市交通发展上演"以堵治堵、越治越堵"的悲剧。

第一，在道路空间资源分配上，应当以"安全优先、生态优先、效率优先"为原则，更多地向公共交通、步行和自行车交通回归和倾斜，保障"公交优先、步行自行车友好、生态宜居"等城市交通发展理念与策略的有效落实。

第二，在道路空间资源占用、使用及其外部影响的成本分摊上，应当体现"谁占用、谁使用、谁排放、谁付费"公平的市场原则，要转变政府主要依靠增加道路交通设施供给来治理交通拥堵的思路与做法，旗帜鲜明地通过市场化导向、经济杠杆，提高小汽车拥有成本和使用成本，来实现对道路交通资源合理可持续利用的引导。国家应加紧制定和出台适合我国国情的差异化汽车交通调控政策。重点研究小汽车牌照税、消费税、燃油税、道路使用费、排放费以及差异化的停车价格等经济杠杆手段。其中，征收道路使用费反映小汽车占用道路空间资源的成本，可通过收费浮动灵活、精准地调节不同时间、不同空间的道路空间资源配置，将是未来各大城市管理道路使用的重要抓手。此外，环保切入、征收排放费则能够反映小汽车尾气排放的大气污染治理成本，引入市场机制来强化政府对绿色交通方向引导和环境保护也是十分必要的。当然，市场化改革需要相对完善的法治环境保障，征收道路使用费、征收机动车排放费等经济手段，由于缺少法律依据，难以取得公众支持，落地实施难度大，仅停留在研究层面，在上一轮各大城市交通需求调控实践中均未能进入到实质性实施决策阶段。因此，各级人大和政府都应当抓紧研究制定或修订相关法律法规，为出台差异化小汽车交通调控政策提供法律依据。

第三，在停车设施供应与调控方面，更要运用好市场机制与手段，实现"以静制动"和合理供给与服务。长期以来，政府将停车作为完全的公共产品，而事实上，停车设施和服务既不属于基本保障性的，也不属于普惠性的，而是特定性的公共设施与服务范畴。数据显示，车辆仅有5%时间是在行驶，也就是说为小汽车停放提供空间是更大难题，我国各大中小城市普遍的、惊人的停车缺口也正是这一问题的反映。政府管理停车实际上长期忽视停车占用土地资源价值，尤其是在城市中心区，如果将土地价值计算在内，停车位是政府难以普遍提供、绝大多数民众也难以负担的"奢侈品"。然而，当前我国城市商业配建及公共停车场实施政府指导价，停车收费标准甚至纳入CPI价格目录管制。政府主导停车定价、直接配置停车空间资源，也包揽了停车供给，实际上造成停车成本外溢由全社会来承担，从这个角度来说，城市交通一直变相补贴最多的是小汽车，并非公共交通，是城市交通发展政策导向失误。停车问题的缓解需要从根本上转变观念，进行市场化、产业化改革。市场定价体现资源的稀缺性，通过价格经济杠杆调节形成合理供需关系。政府把手缩短，主要职责回到停车政策制定与停车秩序维护执法上，尤其是应当制定和执行差异化的停车配建标准、差异化的停车供给政策和差异化的停车价格机制，引导人们更多选择公交+步行、自行车等绿色出行方式，有效减少城市集中建设地区特别是高密度、高强度的城市中心地区以及具有宝贵历史文化价值的历史城区、历史街区的小汽车出行和停放。

第四，以市场化导向为主导推进出租车行业改革。出租车交通本质是以社会化组织为公众提供的个性化机动出行服务，其出行特征和对道路交通资源占用、污染排放等与小汽车交通基本相似，相对于步行、自行车和公交等绿色出行方式而言，也是高占用、高能耗、高排放的出行方式。但是，出租车交通服务业长期以来也被政府视为公共交通的一部分，出租汽车行业行政主导色彩浓厚。事实上，出租汽车交通是公交方式的有益补充，是非通勤性出行、非经常性出行的主要交通方式，并不属于基本保障性和普适性的公共服务范畴，应坚持"用者付费"的原则，实现出租汽车服务市场化发展。

2. 以有效的市场机制创新公交都市建设与运行

如前所述，公交优先、绿色交通是我国城市与交通发展根本性战略选择。国家正在大力推进公交都市示范城市建设。其中，最为关键的举措是依托轨道交通、快速公交及其枢纽，引导城市空间结构优化，提升城市土地利用效率和价值，最大限度覆盖和服务居住人口与就业岗位，方便和吸引广大市民和访客选乘公交出行。与此同时，应当借鉴中国香港、日本东京等成功公交都市的发展经验，通过引入市场机制，实行公交走廊沿线与枢纽周边地区的土地联合开发，盘活轨道和公交存量资源，解决轨道和公交建设运营财务可持续难题；通过引入政府购买服务、适度竞争和市场营销等市场手段，探索有活力、有引力、有保障、有监督的轨道和公交运营模式、票制票价体系以及广告物业等相关产业发展，以增强公共交通的吸引力、竞争力，实现公交都市建设发展中的政府、企业、公众多赢的目标。

我国新一轮轨道交通建设正在热潮兴起，轨道交通建设、开发、运营市场化改革可谓时间紧、任务重。应当积极引入市场化机制，利用轨道与沿线土地、车站周边土地捆绑来筹集资金，同时政府参与，获得收益和利益，来解决大规模轨道建设的资金来源，并发挥轨道这种宝贵资源带来的土地开发的效益，政府、公众、开发商共享，维持轨道交通建设与运营的财务可持续。

与此同时，针对当前我国城市轨道交通发展存在系统功能结构失衡的结构缺陷问题，需要有节制地建设大运量轨道交通，也更需要加快推动面向都市区、城市群等区域快速轨道建设。关键就是要依靠市场化运作，创新区域快速轨道建设运营机制来调动相关主体积极性、加强协同性，形成合理的多层级、多元化轨道交通体系。如大力推动轨道交通建设PPP模式，推动轨道交通与城市新区、产业新城、特色小镇等联合开发。

国有垄断的公交运营模式虽然有利于在城市快速扩张阶段提供有保障的基本公共服务，但明显存在对市场反应滞后、对乘客多元化高品质需求响应慢、配置资源效率低、公共财政负担日趋加重乃至不堪重负等诸多问题。因此，我们应当客观理性认识公共交通服务和发展的公益性与市场性的双重特性，在政府主导下合理运用市场机制和市场手段，结合特许经营、政府购买服务等方式以及互联网+新金融等工具，允许甚至鼓励民间资本参与公共交通建设与经营，构建多层次、多模式、一体化的公共交通网络与枢纽体系，建立多乘优惠、换乘优惠、特殊优惠和可调节的票制票价体系与机制。政府职能和精力更多转向做好公交服务品质、服务水平的规制、评估与监管。

3. 以理性的市场定位创新"共享交通"发展政策与管理

近年来，随着互联网+共享经济兴起，交通领域相继出现网约出租车、共享单车、共享汽车、定制巴士、网约巴士等"共享交通"模式。不同共享交通模式既具有共性，又具有极为明显的差异性。共性主要在于都是借助互联网及互联网+技术，消除服务方与乘客方的信息不对称，服务方根据乘客提前或即时的要约提供快捷的甚至即时的点到点、门到门运输服务，使广大乘客出行服务的自主性、便利性、舒适性得到大幅度改善和提升。差异性则在于不同共享交通模式的人均时空资源和能源的占用与消耗、污染排放、整体运输效率以及对非出行者和城市与交通的运行效率、生态环境的影响。从乘客和企业的角度出发，我们应当鼓励至少是包容各种共享交通新模式的创新与发展。但从全体市民出行服务的安全、便利、高效、公平出发，从城市与交通整体健康可持续发展的角度出发，对不同共享交通模式应当明确不同的市场定位和发展定位，采取不同的发展政策与策略。

对于共享巴士，本质也是集约化公共出行方式。共享巴士是互联网+公交车的新兴发展模式，是传统公交转型升级的新机遇，它既有传统公交的大容量、低能耗等特点，也能通过与互联网的结合，提高服务效率和服务水平，使用新能源公交车辆也能解决污染和排放的问题，对于缓解交通拥堵有着积极的意义。互联网+公交的模式，能及时满足乘客自身的乘车需求，制定最适合的公交运营线路，使公交供给与乘客需求高效率、高质量的匹配，节省资源，提升公交运行效率。而且，互联网+公交也是社会资本与新技术结合，参与公共交通建设与服务，可以有效减轻政府为公众提供广泛性、普适性公共交通服务所带来的财力、人力、物力等多重压力与困难。因此也应当采取"积极鼓励、主动服务、优先保障"的政策。

对于共享单车，本质就是自行车出行方式。自行车出行具有无污染、零排放、低能耗、安全可靠等特点，符合现代化交通发展理念。因此，应当采取"积极鼓励、主动服务、优先保障"的政策。政府应当借此机会，积极改善自行车交通网络和出行环境，主动做好自行车停放空间的整理与挖掘，停放点布局与施划，重点地区高峰时期自行车出行与停放的组织预案与现场管理。

　　对于共享汽车，不管是网约出租车或是分时租赁汽车，本质上都是相对低效率的小汽车出行，都有着小汽车出行的高占地、高能耗、高排放、高污染的特点，都不利于城市交通拥堵的缓解。因此，应当采取"优质优价、以价控量"的价格杠杆进行引导和调控。国家出台的网约出租车新政已经体现了这样的政策导向。

　　本文与罗丽梅（南京市城市与交通规划设计研究院股份有限公司综合交通规划一所总工程师）合作完成。

（本文于2017年5月17日由澎湃市政厅公信号首次发布）

4 公交都市的理解和对策

摘　要：阐述了我国创建"公交都市"的宏观背景和重大意义，给出了
　　　　"公交都市"的定义和内涵，讨论了"公交都市"的目标与指标
　　　　体系，初步提出了建立"公共交通服务品质指数"和公交都市
　　　　建设保障措施的建议。

关键词：公交都市，定义，内涵，指标体系，公共交通服务品质指数

4.1　创建"公交都市"的宏观背景

近些年来，随着我国城镇化进程的不断加快，城市规模的迅速增长，人口
规模的不断扩大，城市居民的出行总量和出行距离呈现大幅增长。与此同时，
我国经济实力大幅增强，城市交通结构也随之发生了显著变化，机动化出行比
例迅速上升，尤其是个体机动化出行方式增长迅速。汽车工业在中国蓬勃发
展，2009年，中国汽车产销双超1300万辆，首次成为世界汽车产销第一大国，
机动车保有量约达到1.87亿辆；2010年，中国汽车产销双超1800万辆，突破
美国历史年产销最高纪录，机动车保有量突破2亿辆；2011年，中国汽车产销

双超1840万辆，再次刷新了世界纪录，机动车保有量达到2.25亿辆。各大城市机动车保有量也纷纷突破百万大关，向世界超级汽车城市迈进：2012年北京市机动车保有量达501.7万辆，其中七成以上为私家车；上海市机动车保有量达257.8万辆，私家车占到了70%；深圳市机动车保有量达217万辆，私家车的比重更是高达89%；成都、广州、重庆、佛山、杭州、苏州机动车保有量突破或逼近200万大关，宁波、青岛、无锡、南京等突破100万大关。一方面汽车工业成就了中国经济发展新的增长点，但另一方面，越来越多的汽车也使得各类城市交通问题日益凸显：交通拥堵加剧、交通事故频发、城市环境恶化、能源消耗严重……

在大城市中，交通堵塞已经变得司空见惯，不少城市在出行高峰期间，中心城区城市交通严重饱和，小事故、小意外就有可能引起大面积的交通瘫痪。北京早晚高峰期间，城区内道路90%以上处于饱和或超饱和状态，高峰小时干道平均车速为每小时20千米左右，在一些路段，车辆的通行时速有时降到10千米以下，个别路段甚至降到5千米以下。南京市老城区道路网络平均负荷已达0.82，23条路段饱和度已超过1.0，19条路段饱和度已超过0.9。高峰期老城区主干道平均车速仅为13千米/小时。据测算，我国每年因为交通拥堵造成的GDP损失达5%~8%。除此之外，大量的汽车还给城市带来了越来越严重环境污染，以及土地资源和各类能源的大量消耗。几乎所有的大城市都要随时准备应对因城市环境恶化、道路资源紧张、停车设施不足、油价节节攀升等交通问题引发的各类社会矛盾。

同时各大城市也在积极探求解决这些城市交通问题的对策。优先发展公共交通已为我国城市所共识，其实，自2004年开始，各城市都把公交优先作为城市交通发展的一项基本战略，然而成效却不明显，公共交通在与小汽车的竞争中处境艰难，许多城市的小汽车出行比例加速增长，而公交出行比例却在不断下降。可见公交优先理念已经不是问题，关键问题是我们该怎么去做到"公交优先"？怎样解决公交优先理念与具体实施政策之间的矛盾？如何在机动化大趋势下引导市民选择公共交通？

在此背景下，国家开展了"公交都市"建设示范工程，希望借助试点城市总结出中国城市优先发展公共交通的宝贵经验，这是贯彻落实城市公共交通优先发展战略的重要举措。

4.2 创建"公交都市"的重大意义

中国正处于城市化与机动化联动快速发展的关键时期。土地约束、能源约束、环境约束是中国城市化发展必须破解的难题。我国目前城市化水平只有45%左右，未来20年仍将处于持续快速发展时期，将有一批人口超1000万的超级大城市、一大批人口300万至500万的巨大城市和100万至200万的特大城市出现。同时，这些大城市将在此期间基本完成小汽车普及化进程，城市道路交通必将面临空前严峻的压力。

因此，此时积极开展"公交都市"的建设，通过发展绿色交通，调控和引导交通需求，对于改善民生、缓解城市交通拥堵和资源环境压力，意义重大。

对国家而言：

（1）建设"公交都市"是保障和改善民生的重要措施

城市公共交通是城市交通的主要形式，和人民群众生产生活密切相关，与老百姓的利益紧密相连。目前城市公共交通发展还面临土地、资金等的约束，公交服务质量和保障能力与城市经济社会快速发展、人民群众生活水平不断提高的需求之间还存在着较大差距。发展"公交都市"，全面提升公共交通的服务质量和保障能力，从根本上改变城市公共交通发展滞后和被动适应的局面，为市民提供良好的出行环境与我们建设服务型政府息息相关。

（2）建设"公交都市"是建设资源节约型社会的必然要求

城市发展需要空间，然而人口密度大、人均土地资源占有量小，是我国快速城市化背景下城市建设用地拓展的主要瓶颈，对于城市道路广场用地资源亦然，尤其是寸土寸金的城市中心区。另一方面能源问题已经成为我们中国经济社会发展当中的突出问题，随着经济社会的快速发展，对能源的需求不断增加，能源已经成为涉及我国经济安全的战略资源。因此从建设资源节约型社会的角度出发，公共交通在城市建设中的发展十分必要。

（3）建设"公交都市"是加强环境保护有力保障

对于国家而言，资源的拥有量、环境的接受度、社会的承受力都是经济发展的重要基础。面对机动化带来的环境污染，公共交通则可有效减少温室气体排放，同时降低人均污染物排放，是改善城市整体环境的重要手段之一。正如GEF首席执行官莫妮卡·巴布特女士所说："如果我们想削减温室气体、清洁空气并减少污染，那么改进的和可持续发展的公共交通系统就是关键之一。"

对城市而言：

（1）建设"公交都市"是提高城市交通运转效率的有效方式

公共交通在应对大规模、相对集中的交通出行方面具有比较优势。特别是在规模较大的城市中，以地铁、轻轨为代表的大运量公共交通，完全可以做到在时间消耗相同的情况下，解决更多出行需求。这对于提高城市运输效率意义重大。

（2）建设"公交都市"是优化城市交通发展方式的重要抓手

国家"公交都市"建设的本质，是以"公共交通引领城市发展"为战略导向，通过科学规划和系统建设，建立以公共交通为主体的城市交通体系，扭转城市公共交通被动适应城市发展的局面，实现公共交通与城市的良性互动、协调发展。

（3）建设"公交都市"是解决城市交通拥堵的主要途径

世界各国的经验表明，注重城市的科学规划和优先发展公共交通是缓解城市交通拥堵最根本的途径和最有效的手段。国家"公交都市"建设的核心，就是通过实施科学的规划调控、线网优化、设施建设、信息服务等措施不断提高公共交通系统的吸引力，降低公众对小汽车的依赖，从源头上调控城市交通需求总量和出行结构，提高城市交通运行效率，从根本上缓解城市交通拥堵。

（4）建设"公交都市"是改善城市人居环境的有力措施

建设"公交都市"，通过空间提升，集成轨道、公交、慢行系统及交通环境等要素，打造安全、畅达、绿色的交通空间，不仅提高了市民出行品质，同时对于改善城市的人居环境也有十分积极的作用。

4.3 公交都市的定义和内涵

4.3.1 公交都市的定义

公交都市是国际大都市发展到高级阶段，在交通资源和环境资源紧约束的背景下，为应对小汽车高速增长和交通拥堵所采取的一项城市战略。我们并不能简单地将其理解为一个以公共交通出行为主的地区，正如《公交都市》作者罗伯特·瑟夫罗所说，一个城市能够称之为公交都市，是它的公共交通服务与城市形态相互配合默契可以有效发挥公交优势。准确地说公交都市代表的是一种城市形态和机动化环境，在那里，公共交通的发展与城市形态的发展相互协调、相互支撑、相互促进，只有如此，公共交通才能成为一种能有效替代小汽车出行的交通方式。

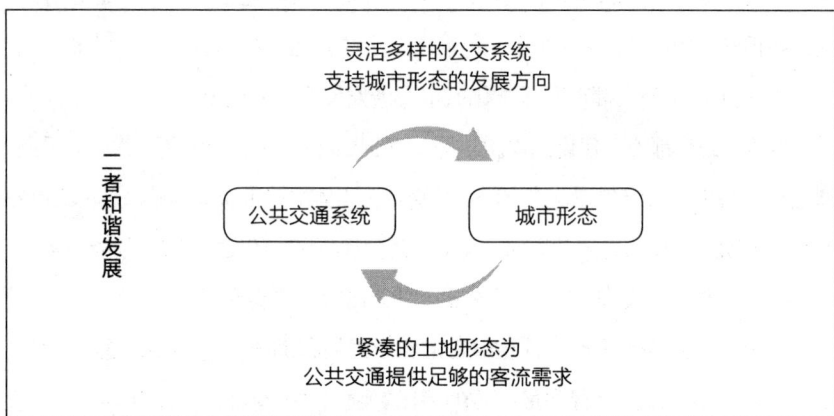

图1 公交都市的两个核心要素

4.3.2 公交都市的特点

（1）高比例的公交出行，通勤出行公交分担率一般能达60%以上；

（2）紧凑的城市结构，使70%的人口居住和就业集聚在公交走廊两侧；

（3）多元化的公交模式，形成"轨道交通为骨架、常规公交为网络、慢行交通为延伸"的一体化都市公交体系；

（4）高效便捷的换乘系统，实现地下和地面交通、大容量和中低运量交通、机动化和非机动化交通的有机结合和有效衔接；

（5）全方位的保障措施，从多方面保障公交优先发展。

4.3.3 公交都市的内涵

构建公交都市最为核心和关键的要素就是妥善处理好人、交通、土地三者的关系，只有当公共交通与城市空间及土地利用，以及道路路网系统之间充分协调，才能形成有机、高效、健康、宜人的城市布局与人居环境，实现交通与城市、经济、生活和谐共生。其核心内涵体现为：以公交为支撑的城市空间布局；以公交为引导的城市土地开发；以公交为导向的城市交通体系；以公交为主导的城市出行结构。

构建公交都市，最重要的三个方面在于公交设施体系的建设、公交都市形态的形成以及公交服务体系的建立。

（1）完整的公共交通设施体系

要使公共交通在与小汽车的竞争中取得优势，公交都市必须具备完整的、多层次的一体化公共交通网络体系和枢纽场站体系。通过各类换乘枢纽，将服务于不同距离、不同需求的公交网络有机地衔接在一起，以面向不同出行群体。

（2）整体的公交都市形态与结构

如前文所述，公交系统的发展与城市形态是相互影响的，成功的公交都市都是城市公共交通系统与空间土地利用完美结合的结晶，用新加坡规划大师刘太阁先生的话来说，这叫"交通与土地谈恋爱"。一个城市要成为一座优秀的公交都市，必须根据自身的特点和实际，选择相适宜的公交体系和模式，同时选择适宜的以公交为导向的空间结构和土地开发模式。

公交都市需要建立公交导向的城市空间形态结构，引导城市紧凑高效发展。从以公交引导城市形态结构的角度看，有三个方面值得重点关注：第一，城市形态结构与公交走廊、公交枢纽体系布局之间的相互影响；第二，城市中

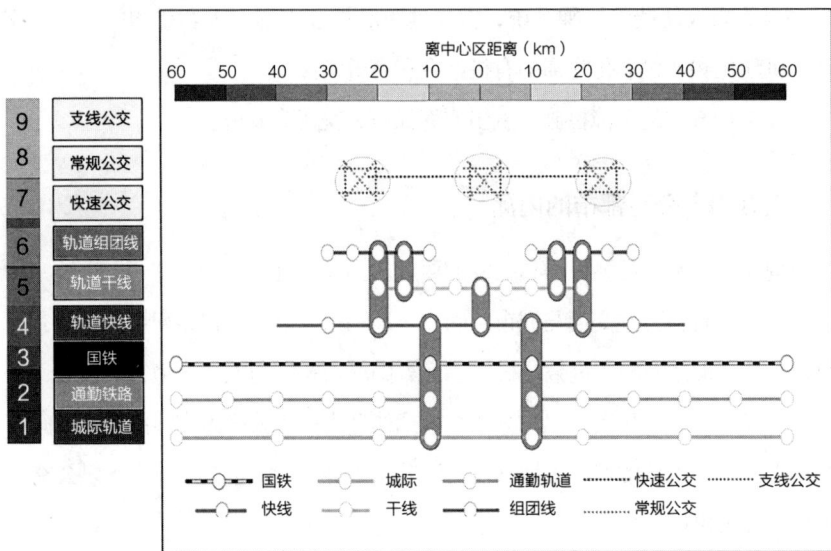

图2 公交都市完整的公共交通设施体系

心区、大型商业区、公共活动中心、居住就业聚集区等的区域位置将极大地影响居民出行选择公交的可能性；第三，用地功能区的开放性和城市道路网密度能否满足公交可进入性和基本可达性。

配合不同城市的发展规模，可将公交体系大致分为：

①"轨道主体型"公交体系适用于如巴黎、伦敦、东京等区域中心的巨型城市。在这类城市里轨道交通形成高密度网络，成了客运交通的主体，同时引导中心区人口的有机疏散，使市区由单一中心向多中心发展。

②"轨道骨架型"公交体系适用于如多伦多、悉尼、大阪、首尔等特大城市。轨道交通成为城市的基本骨架，城市沿轨道交通沿线发展。

③"轨道脊梁型"公交体系适用于大城市，有限的轨道交通成为城市客运的"脊梁"，并与快速公交线网一起构成城市客运的骨架系统。

④"巴士主导型"公交体系适用于呈现强中心核形态的中小城市。

（3）完善的公共交通服务体系

公交服务体系直接面向乘客，对乘客使用公共交通的意愿影响相当关键。

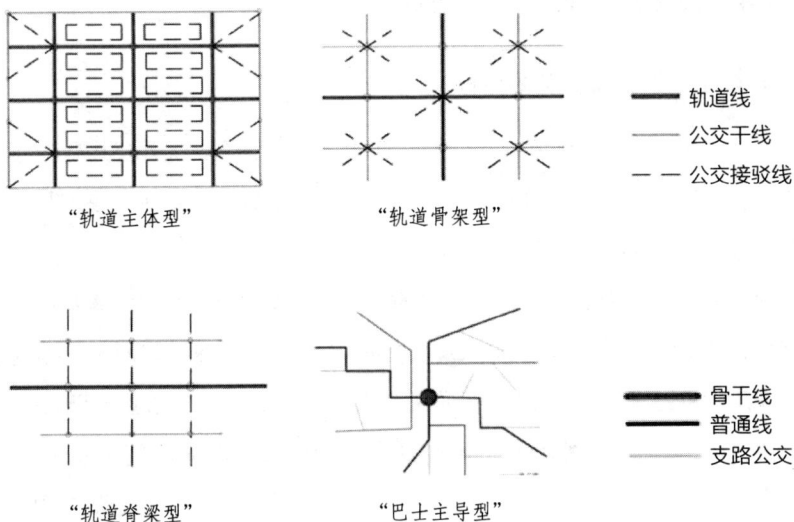

———	轨道线
———	公交干线
– – –	公交接驳线

"轨道主体型"　　　　　　　"轨道骨架型"

━━━	骨干线
━━━	普通线
┄┄┄	支路公交

"轨道脊梁型"　　　　　　　"巴士主导型"

图3　不同类型的公交体系

因此公交都市必须有完善的公交服务体系，才能保证公交服务具有吸引力和竞争力，才能吸引更多的市民使用公共交通出行。完整的公交服务体系体现在公交服务的硬件环境和软件环境两个方面：

① 公交服务的硬件环境。包括多层次多样化的公交网络和换乘设施、良好的车辆状况和行车环境、整洁舒适的车厢环境、安全舒适的车站环境、清晰及时的行车信息服务和公交智能化水平等。这些硬件环境是保障公交服务方便、快捷、安全、舒适、可靠的必要条件。

② 公交服务的软件环境。包括公交运营计划安排（如发车频率、早晚班时间）、公交企业员工技术技能、服务态度与服务水平、特别是对公交乘客的人性化关爱与服务等。这些软件环境是增强和保持公共交通亲和力、吸引力和竞争力的充分条件。

4.4 公交都市的目标与指标

4.4.1 公交都市总体目标

构建快捷、可靠、方便、舒适的一体化都市公交体系，提升公共交通的吸引力，使之与城市发展相互协调，实现交通与城市、经济、生活和谐共生，正是公交都市希望达到的最终目标。

简单来说，建设公交都市是为了充分发挥公共交通所具有的效率优势、节能优势、减排优势等，从而使城市发展的可持续性得以保证。然而这一切必须建立在广大市民愿意选择公共交通作为其出行的主要交通方式这一基础之上。可以说，公共交通的各种优势是伴随着其规模性而来，越多人愿意选择公共交通，它的各大优势就越发显著。因此提高公交分担率成为建设公交都市的核心目标。

一言以蔽之，公交都市目标的最终达成和检验标志就是公共交通作为日常通勤出行方式成为老百姓的首选，即"老百姓愿意乘公交、更多乘公交"。

4.4.2 公共交通服务品质指数（Index of Transit Service Quality, ITSQ）

交通运输部颁布的《关于开展国家公交都市建设示范工程有关事项的通知》中，对列入公交都市示范城市的城市公共交通考核的核心指标是公交出行分担率，要求到"十二五"末，有轨道交通城市非步行出行中公共交通分担率（下同）达到45%，没有轨道交通的城市达到40%。同时也罗列了公交线网密度、公交车辆标台数、公交站点500米半径覆盖率、公交换乘时间、公共汽电车平均运营时速、公共汽电车准点率、早晚通勤高峰时段平均满载率、行车责任事故率、公共汽电车交通责任事故年均死亡率等考核指标。上述指标大致可分三类：第一类是公交线网设施供应水平指标，如公交线网密度、公交车辆标台数、公交站点500米半径覆盖率等；第二类是公共交通服务性能指标，如公交换乘时间、公共汽电车平均运营时速、公共汽电车准点率、早晚通勤高峰时段平均满载率等；第三类是公共交通运行服务绩效指标，如公共交通出行分担率、行车责任事故率、公共汽电车交通责任事故年均死亡率等。对于每一位选择公交出行的乘客而言，最直接感知的指标是第二类指标，是直接影响乘客是否愿意选择公交出行、是否满意公交服务的关键指标。第一类指标和第三类指标只是公交系统供应水平和运行绩效的统计结果，对于公交乘客而言，是无法直接感知的，因此对他们每一次具体公交出行选择不产生直接的影响。

在国内外公交乘客满意度调查中，公共交通乘客反映问题最多的是：候车时间长、车内拥挤、不准点、到站时间长、出行时耗长等。

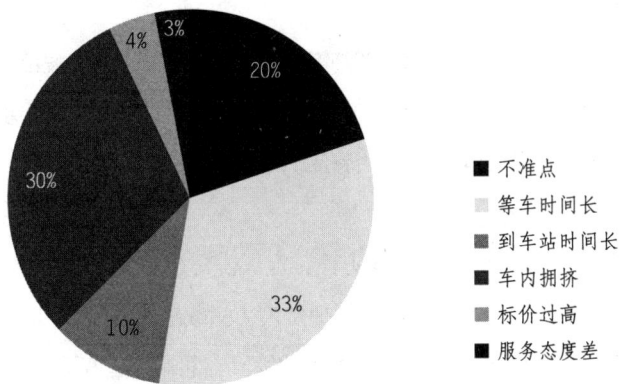

图4　南京公交乘客对公交不满意的原因

基于以上分析，我们认为公交都市成败的关键还在于能够让广大市民选择公交出行的时候可以感知和享受到快捷、可靠、方便、舒适的高品质公交服务。笔者建议根据市民选择公交出行对于公共交通服务快捷、可靠、方便、舒适等方面的意愿和要求，建立起一个可感知、可检测、可考核与奖惩的综合性公共交通服务品质指数（Index of Transit Service Quality，ITSQ）。重点可从以下四个方面进行考虑：

（1）快捷性

快捷度是影响居民选择公共交通的最重要因素。出行时耗是衡量公交系统快捷性最直观的指标。要减少公交的出行时耗，必然要提高公交的车速，但更关键在于减少公交出行的车外时耗，包括至公交站点的时耗、等车时耗、换乘时耗，这部分时耗目前一般占总时耗的50%甚至更多，它直接影响着市民乘坐公交的直观感受。涉及指标包括候车时间、运送速度、出行时耗等。

（2）可靠性

可靠性是目前地面公交最薄弱的方面。要提高可靠性即要保证公交的安全、准点，关键在于提高公交运营管理水平以及改善公交运营环境。智能调度应是未来的发展方向。涉及指标包括准点率、安全性、可知度（信息与指示）等。

（3）方便性

要让公交服务更为便捷。通常公交站点覆盖率和公交线网密度被用来衡量公交系统的方便性，但为了更直观地反映乘客的乘坐感受，建议用搭乘步行距离、换乘步行距离、换乘次数作为具体评价方便性的指标。

（4）舒适性

公交服务舒适性包括车内车外两个方面，提供公交舒适性，即要改善乘客的候车环境和车内环境。涉及指标：车内拥挤度（满载率）、车内舒适度（有无空调、座椅是否舒适）、整洁度、公交站点的等候空间的舒适度（有无座椅、雨棚等人性化设施）等。

4.5　公交都市建设的保障措施

公交都市的前景是美好的，但要实现它却是不易的，需要政府下大决心并从多方面保障公交优先战略的落实。

4.5.1　政府主导

公交都市的建设是一个系统工程，它的建设需要协调土地、规划、建设、管理等方方面面的问题，而非仅交通系统内部的改革。正如罗伯特·瑟夫罗先生说过："确保以公共交通来引导城市发展成功的关键是确定在整个都市范围内进行有效的整合。"这意味着在中国城市要推行公交优先、构建公交都市，必须首先跳出交通看交通，以公交优先和公交引领为前提，从城市与交通一体化规划、一体化建设和一体化发展的高度来整体谋划和整体实施。因此建设公交都市必须要由政府主导，在建设的过程中不断协调各个部门，以期能实现公交都市的发展目标。

4.5.2 长远规划

从国际上公认的公交都市的发展经验来看，公交都市的建成不是一蹴而就的，必须要有长远的规划，持之以恒的落实。在总体规划层面，构建公交都市空间框架，包括TOD空间布局、骨架交通网布局、主要交通设施布局、分级道路路权确定；在分区规划、控制性详细规划层面，构建公交社区、公交楼宇，包括TOD用地布局、公交走廊两侧、枢纽周围用地规划与控制。以保障公共和公众利益为责任重点，通过以公交为导向的城市空间布局，控制城市土地开发，严格做好公共交通设施用地的规划管理。

4.5.3 政策保障

在法律、投资、财政、税收、土地、规划、建设、管理和服务等各个环节，为公共交通提供优先发展的政策。加大对公交发展的投入，建立长效稳定的公交投入和补贴补偿机制，明确投入主体和责任。既要保障公交运营利益也要保障公交出行公益。落实公交的基础设施建设优先、行驶路权优先和道路信号优先等政策；实施差别化调控小汽车拥有和使用的政策，严控公车、大都市配额制上牌、严控中心区停车位、大幅提高汽车燃油税税率，必要时开征交通拥堵费等。

4.5.4 科技支撑

增加交通科技投入，建立和完善规范化的交通政策与规划体系。超前做好交通基础设施项目储备，提高前期工作水平。充分运用交通工程理论和技术进行科学设计和论证。积极推进交通信息化建设。积极推进智能交通系统建设。

参考文献：

［1］交通运输部. 关于开展国家公交都市建设示范工程有关事项的通知（交运发
〔2011〕635号）. http：//www.gov.cn/gzdt/2011-11/29/content_2005516.htm.

［2］杨涛，张泉. 公交优先导向下的城市总体规划——构建公交都市的空间框
架城市规划，2011，（02）.

［3］罗伯特·瑟夫洛. 公交都市. 宇恒可持续交通研究中心译. 北京：中国建
筑工业出版社，2007.

本文与陈阳（南京林业大学在职博士研究生，南京市城市与交通规划设计研究院股份有限公司综合交通规划二所副所长）合作完成。

（本文首次发表于《现代城市研究》2013年第1期）

5 公交都市的制度建设与法治保障

编者按：城市交通早晚高峰拥堵，就一定是管理不善？这倒未必。需要看人们的出行需求，在多大程度上得到了满足。

"公交优先"就是一个向度。简单来说，如果早晚高峰有公交专用道，路面的小汽车可能走得更慢，但更多人的出行需求，则通过公共交通，更有效率地得到了满足。如果可以通过智能调度等系统，让乘客不至于被挤得难受，让公交车准时准点到站，那公共交通就更富于吸引力，整个城市的交通也会更可持续。

公共交通意味着大容量和高效率，相对应的人流更意味着城市商业发展的潜力。公交导向的发展，应该怎样做？许多城市也在进行公交都市的试点与建设，这与互联网又可以有怎样的联系？这些都是值得讨论的话题。

究竟应该如何发展公交都市？在深圳举行的第五届公交都市发展论坛上，南京城市与交通规划设计研究院院长杨涛，从制度建设和法制保障上，提出了自己的设想。

第五次来到公交都市论坛，我感到非常高兴。我今天演讲的题目是《公交都市的制度建设与法治保障》。主要讲四个问题：第一，什么样的城市才有资格被称为真正完整意义上的公交都市？第二，构建这样一个公交都市需要怎样

的制度环境？第三，构建完整意义上的公交都市需要怎样的法制保障？第四，谈一谈公交都市法治建设当中的中央和地方的事权分配问题。

我一直说，公交都市建设，需要交通部门不断推进，更主要的是党委政府和各个部门的协同推进。

什么样的城市才有资格称为公交都市？

真正的公交都市，并不是以公交覆盖力达到某个数字为标准。一个城市的形态和机动化环境，能够使公共交通成为一个有尊严的、有效取代小汽车出行的交通方式，这才是公交都市的本质。

具体来讲，公交都市有四个方面的要素，必须重点抓住：第一是整体、紧凑的公交都市的形态及土地利用；第二是完整、多模式、一体化的公共交通设施体系；第三是完善、满意、有竞争力的公共交通服务；第四是理性、文明、有秩序的交通模式和出行选择。

公交都市所需的制度环境

要构建一个完整意义的公交都市，制度环境非常重要。

从政治学意义上看，倡导民主（而非官主）、法治（而非人治）、人本（而非车本），即倡导所谓的"德先生"。同时，也需要"赛先生"，即以科学的、理性的、综合的态度，来影响综合交通、公交都市的决策。中国香港也好，新加坡也好，

交通规划需要从市委市政府
的顶层决策、顶层设计做起
（赵昀 澎湃资料图）

组织保障

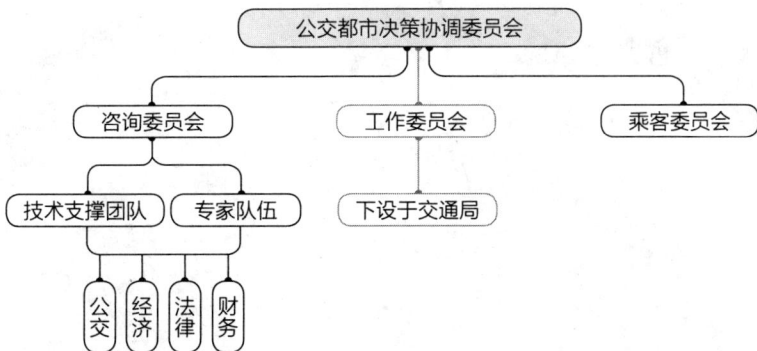

公交都市决策协调委员会组织架构示意图

公交都市的建设，都经过了二十年到五十年长期不懈的坚持努力，需要政府的法治建设、制度建设，各部门协同作战，在规划、建设、管理等各个环节进行支持。

十八大指出，国家治理现代化，这也是公交都市重要的法制环境和制度环境。公交都市需要组织保障。我们如果要建造一个公交都市，从党委政府层面上，要建立高位决策协调机制，公交都市示范城市建设文本就有相应要求，从市委市政府的顶层决策、顶层设计做起，为了做好顶层决策和顶层设计，要有相关的工作机构来支持，包括技术层面的咨询委员会、咨询的技术团队，需要部门之间的协同机构，还需要面向公众的乘客委员会。这样的一些机构设置，才能保证公交都市建成。

从社会角度来讲，公交都市建设，应该是一个真正意义上的民生工程。公交都市应该突出以市民、乘客为中心。公交都市的规划、建设、运营、服务，应该广泛吸收广大公众的参与，并且接受市民、乘客的评判与监督。

从经济角度看，作为物质载体的公交都市建设，是市场经济+交通经济+法治经济的综合产物。成功的公交都市无不如是。市场经济要求按市场规则（包括市场准入规则、市场竞争规则和市场交易规则等）来分配城市的空间资源和交通资源。交通经济指的是，以高效的、大容量的公共交通，来影响乃至

地铁等公共交通的发展极大缓解了城市的道路拥堵（高征 澎湃资料图）

决定城市的空间资源、土地资源和交通的市场资源，这些资源都是城市最重要的公共资源；法治经济要求以市场规则为前提，公开公平公正地来分配这些重要的交通资源和公共资源。

公交都市需要的法治保障

构建一个完整意义上的公交都市，需要怎样的法治保障呢？我认为，有以下几点：

第一，要以法制来维护城市规划的系统性、权威性、稳定性，从而在制度上保证公交引导城市空间结构优化。

最典型的是巴西的库里蒂巴。作为一个发展中国家的城市，它从20世纪50年代开始，起初要建立轨道城市，后来因为政府财力有限，才由轨道城市转变为建设以地面快速公共交通为主体和主导、多模式一体化的公交体系，并和城市空间规划土地规划结合起来。这个设想，是经过了五十年左右，历届政府坚持以这样的规划为导向，并长期以此为引领，才逐步得以实现的。最终，库里蒂巴成为全世界最优秀的公交都市，同时因成功建设了公交都市，成为全世界的旅游热点城市。对我们而言，这是最有启发的典型案例。

中国香港也是从20世纪70年代末开始，撰写第一轮交通白皮书，到80年代第二轮，到90年代第三轮。这样一轮一轮，在制度层面、政策层面、规划层面上出台条文，保证空间土地利用，并按照公交都市的要求实施。

第二，要建立差异化的土地定性定量定价及相关激励机制政策，从而保障以公交支持土地集约高效利用。

香港街道上快速行驶的双层巴士（史训锋 澎湃资料图）

第三，以法制保证，公交改善带来的沿线土地增值，还原支持公交体系建设与运营的财务平衡和可持续，至少不是全部被开发商和沿线业主来独享。

第四，以法制建立刚性的可考核、可监管的公交服务体系，以及符合市场竞争原则的公交运营模式，从而保障高效率、高品质、高水平的公交服务。

第五，以法制调节道路交通时空资源，保障公交优先路权和交通安全。

最后，还是要用法制化的多层次交通影响评价制度，来确保从宏观、中观和微观层面，在空间、土地、路权和运营层面，真正落实公交优先与公交导向。

从社会角度来讲，公交都市
建设，应该是一个真正意义
上的民生工程，关系着千家
万户（刘行喆 澎湃资料图）

法定化的公交都市规划编制体系

第一个重点是，从规划层面上，要建立法定化的公交都市规划编制体系。明确公交导向规划原则，拟定并实施总规、分区规划、控规等不同阶段公交导向规划的技术政策指引。

这要从《城乡规划法》指导之下的城市规划编制办法以及实施的条例，以及不同层面不同阶段规划的技术指南，落实公交导向的原则和要求。

第二个重点是，要与总规、分规、控规等同步编制不同深度综合交通体系规划和控制性交通规划，来落实优先发展公交都市的整体性规划设计。

第三个重点是，要编制完整的公交走廊和公交场站用地控制性规划。

第四个重点是，要对公交走廊和轨道车站周边地区以公交导向为目的，编

更加方便和快捷的服务可以
鼓励更多市民选择公交出行
（朱伟辉 澎湃资料图）

制特定意图区城市设计和土地开发规划。

第五要编制公交都市总体发展规划与实施方案。

第六要定期编制规划交通、公交枢纽场站等建设规划。

最后，要定期修编公交线网规划、公交运营调度规划、智能公交规划等。

法定化的公交导向的土地开发的政策体系

建立一个法定化的公交导向的土地开发的政策体系，包括特别控制性详细规划政策、特别用地储备政策、特别税收政策、联合开发政策等一系列围绕公交导向的土地开发。

比方说，特别城市设计与TOD土地开发政策，已经在香港、深圳、南京等地推进。这指的是，要针对轨道公交走廊和车站地带，按照TOD的理念和模式，编制特别城市设计和控制性详细规划，对相应用地板块，从开发总量、用地性质、容积率及密度等方面，严格按照TOD开发目标和要求来控制。

在土地挂牌拍卖阶段，编制TOD土地开发预案，按照特别控规阶段指标，确定轨道公交走廊和车站枢纽等地区城市土地最优化合理利用。在南京最新的《轨道交通条例》里面，已经明确把两个层面的工作：一个是规划部门要做的工作、一个是土地部门要做的工作，都在轨道交通管理条例里面明确地写入了。

特别土地储备政策指的是，轨道公交规划选线获批后，政府部门将沿线合理影响区域内土地所有权实施收储备，确保轨道交通走廊枢纽地带土地开发增值回馈公益，避免土地权难以集中，避免开发商哄抬地价、房价并无偿获取超值收益。

举例而言，原则上，轨道车站500米半径可开发用地由政府直接收储，由轨道公司进行一级综合开发，收益用于平衡轨道建设与运营成本；500~1000米范围可开发用地要求政府轨道公司与民间开发企业联合开发。

经济发展让越来越多的市民拥有了私家车，也让道路变得越发拥堵（朱晓咏 澎湃资料图）

关于特别税收还原政策，需要国家层面引起重视。其中包括土地增值税还原、房地产税还原以及交通便利税还原。土地增值税还原，是指从政府征收的增值税中，按一定比例提取，专项用于轨道交通建设与运营维护。最近我们国家很快会推出房地产税，我们也建议要在房地产税当中，将轨道交通引起的沿线房地产增值部分反馈到公共交通建设与运营维护当中。交通便利税还原，指的是因交通带来沿线商业、娱乐商务、酒店服务业相当多的增值，通过交通便利税来还原公共利益、公共财政。

特别土地激励政策。在枢纽地带的开发过程当中，为鼓励公共导向交通一体化，在容积率配置和停车指标等关键性指标上，给出一些激励性的政策。

联合开发的政策。国家明确推出了鼓励PPP模式和政策，也正积极探索和实践探索中，其中最关键的是要解决好政府、企业、开发商、公众之间利益的平衡与共享。

法治化的公交优先财务保障政策

要建立法治化的公交优先财务保障政策。要继续保持公共交通投入的倾斜性增长，保证公交投资占交通基础建设的比重不低于60%；要明确保持公共交通相对低票价、换乘优惠、老幼残特优惠等政策；要明确公共财政购买公共交通的公益性服务和低票价的补贴政策；要明确公共投资对公交车辆（特别是清洁能源公交车辆）、公交枢纽场站、智能公交等激励性扶持政策；另外，还要发挥市场作用，激励多样化的公交政策来源。

法治化的公交优先分配道路时空资源的制度

建立法治化的公交优先分配道路时空资源的制度。包括严格实行道路、公共交通设施同步配置的制度，不是在实施层面上，而是在规划层面上开始明确道路功能定位、道路的路权划分和相关配套设施的完善。同时，要提升道路时空资源公交优先配置效率，特别是在公交信号优先通行系统，加强公交专用道的路权监管和保障方面，进行法治化的治理建设。

面向城市和乘客的法制化公交都市考核体系

建立面向城市和乘客的法制化公交都市考核体系。在城市层面，是要建立公交都市的整体绩效评估指标体系；在乘客层面，要建立公交都市的公共交通服务质量评价指标体系。

各级政府的不同分工

最后，我想谈一下在以上这些问题上各级政府的不同分工。从中央政府和地方政府层面上，各自的职责将是不同的。

中央政府层面，我们更需要先确立公交优先战略定位与指导原则，公交优先不仅作为交通政策，更要成为土地政策、能源政策、环境政策等方面的重要原则；第二要建立以公交为导向的土地开发政策，就是国家最近推出的PPP政策；第三要重视公交沿线和车站周边土地与物业增值税和分配，包括房地产税中的还原等，这些也必须是国家层面上的另外，公交都市的建设需要中央财政提供支持与激励，比如综合换乘、智能公交、绿色公交等优先领域。

市民的出行需求，通过公共
交通更有效率地得到了满足
（张栋 澎湃资料图）

　　在省级政府层面，需要对公交实施指导意见及目标推进考核意见，需要对公交都市建设优先领域进行省级财政支持激励，以及对各个城市的公交服务质量标准进行考核指导。

　　在城市政府层面，要建立公交都市建设土地收储与发展基金，逐步推进公交建设发展的PPP制度，逐步完善公交定价规则和实施机制、公交服务质量考核与监督体系等。我们正在编制南京新一轮的交通白皮书，公交都市、公交优先是交通白皮书中最核心的内容。

　　（本文根据作者在第五届全国公交都市发展论坛上的演讲录音整理，于2015年10月21日由澎湃市政厅公信号首次发布）

热点评述

1 对中国城市快速公交BRT发展的反思与建议

快速公交（Bus Rapid Transit）系统简称BRT，是一种介于轨道交通与常规公交之间的新型公共客运系统，通常也被称作"地面上的地铁"。它基于城市道路开辟公交专用道，同时模仿轨道交通，公交车辆多节编组、车站办理售检票、提供交叉口优先信号，从而使线路运输能力大幅提升（通常可达8000～10000人次/小时，高的甚至可达30000～40000人次/小时）、运输线路与速度有效提升、运输准点率有效提升，运输能力可与轻轨甚至地铁媲美，而工程造价仅有轨道交通的1/5～1/10，被誉为价廉物美的路面"轨道交通"。在国际上，尤其是发展中国家，有大量成功案例。这也是世界银行向全世界特别是发展中国家重点推荐的经济型中运量公共交通模式

自1999年昆明建成我国第一条BRT线路，到2015年6月，据不完全统计，国内已有21个城市开通运营快速公交线路197条，线路长度达2753千米。特别是广州及宜昌的BRT系统建设，先后获得"世界交通可持续发展奖"，也从侧

宜昌BRT

广州BRT

面证实了BRT在中国有良好的发展前景。

　　然而，部分城市BRT开通后，运行效果，特别是客流情况，并不理想，还造成相关路段更严重的交通拥堵。有的城市BRT甚至退出或退化，如2012年重庆BRT1号线相关设施被全部拆除，BRT退出重庆。昆明作为第一个实现路中式公交专用道的城市，却在2013年将路中式公交专用道全部改造为路侧式专用道。个中缘由值得深刻反思。

发展中存在的问题

（1）对城市交通认识肤浅，决策机制失灵

　　20世纪90年代开始，由于小汽车急速增长，交通拥堵问题凸显，成为政府、民众共同关注的热点。一些城市的人大代表、政协委员，呼吁建设BRT，这本是好意，政府也愿意响应和积极作为。然而，由于对城市交通和BRT的系统性、复杂性，认识比较简单肤浅，在缺乏科学规划、科学选址、科学设计、科学论证的情况下，进行了匆忙决策和匆忙建设。这样的BRT工程必然存在失败的极大风险。

另一方面，由于现行行政体制缺乏严格法定的、科学规范的决策机制，一些本来相对科学合理且有效运营的BRT线路，由于新的决策者的认知偏差和决策任性，在没有征求专家意见和公众参与的情况下，被轻易修改甚至拆除。

（2）功能定位不明晰，线位布局不尽合理

部分城市政府对BRT的发展、公交优先存在认识误区，认为只要建成BRT就会有客流，就会取得成功，就是践行了公交优先。但BRT建成后，因功能定位不明晰，占用与功能定位不匹配的廊道资源，导致客流不足、部分路段拥堵加剧、增加安全隐患等，影响整个城市交通的效率与收益。

与此同时，部分城市将建设BRT作为某些领导一时热情的政绩工程。为减轻推行阻力，将BRT线路开辟到城市开发不成熟、客流需求不足的区域，造成BRT无法发挥其应有的"规模效应"。部分城市在规划BRT线网时一再向现实妥协，造成BRT与轨道交通、常规公交产生不必要的竞争。

（3）系统开放性不足，运营模式过于单一

过于追求独立性，而导致系统开放性不足，这也会导致BRT系统运行效率低下。以北京BRT为例，目前北京市BRT共有4条线路，均采用封闭或半封闭模式。特别是封闭式的BRT线路，全部在固定的走廊内运行，导致线路之间以及与其他公共交通方式之间缺乏良好的衔接换乘，大部分乘客更愿意选择平行的常规公交线路，甚至部分廊道内BRT的客流量还不及廊道内客流需求的1/3。运营模式不够灵活也是当前部分城市BRT运行中的突出问题之一。生搬硬套BRT成功运营城市的运营模式，且长时期固化，未针对本城市客流分布特征、客流通道特征、道路条件、既有公交线路布局等方面，进行多角度分析、灵活选择并不断优化调整，导致部分城市BRT运营效果不明显，社会反响不佳。

（4）精细化设计不足，服务水平有待提升

作为高层次的公共交通体系，BRT应体现更多的人性化设计，提供更多高水平的乘坐体验。然而，部分城市的BRT不尽如人意，包括车站容量与线路容量不匹配，车站内往往缺乏直观明了的乘客信息提示，车站周边的公共空间环境较差，联系车站的隧道或天桥缺乏自动扶梯等，车站缺乏顶棚、无障碍设施等。

建议

BRT作为一种低成本高性能的中运量公共交通，在中国具有广泛的应用前景。但首先必须准确认识它的特点优点与适用条件。

最为关键的是，必须提供至少一条具有严格管控、具有优先信号保障的连续的公交专用道（最好有2条公交专用道）。这对道路条件提出了明确而严格的要求，即BRT原则上应在具有双向6车道以上的城市主干路上设置。

既然BRT是一种运输能力可达8000～10000人次/小时的中运量公交，那么其选线应当在城市开发相对成熟，且有足够客流吸引的走廊上建设（规划预控的BRT线路走廊除外）而不应选择尚未开发成熟、基本没有客流支撑的走廊建设。

BRT相比传统公共汽车，最重要的优势是公交路权专用；相比轨道交通，最重要的优势是与路面公共汽车线网可直接相容互通。因此BRT工程不应孤立地规划设计和建设运营，而应以BRT走廊为依托和支撑，将BRT车道视为开放式的公交专用通道，重新优化组织公交线网布局和线路运营，一方面最大限度发挥专用路权通道的效能；另一方面最大限度适应公交乘客的直达便捷服务需要。

针对BRT的上述特征优势和中国城市发展过程中的问题，我们提出如下发展建议：

（1）因城而异，根据城市规模和形态，差别化BRT功能定位

应根据城市规模、城市形态对BRT进行合理的功能定位。一般而言，特大城市、超大城市可以选择BRT作为轨道交通的重要补充，承担加密和延伸

的功能，同时自成体系；大城市可选择BRT作为城市公共交通的骨架系统。

值得一提的是，针对国内关于BRT与有轨电车的中运量之争，综合考虑建设运营成本、舒适安全、与常规公交的兼容性、环境友好性、带动产业等，总体而言，BRT更适合我国国情，同时，从实际情况看，BRT已在我国部分城市取得了瞩目的成就，反观有轨电车在国内的发展现状，尚未有真正的成功案例。

（2）因地制宜，突出多网融合、无缝衔接理念的线位布局

在BRT线位布局时必须充分贯彻基于功能定位的BRT与轨道交通、常规公交之间的多网融合的理念，强调BRT线网、轨道交通线网、常规公交线网之间的无缝换乘，以精准切入应对城市公交需求细分领域，满足市民不同层次的公交出行需求。具体线位选择时，要避免两种极端：一是为了减少工程难度而选择在城市外围建设，二是在适宜建设轨道的走廊上建设BRT，鸠占鹊巢；合理的思路应当是因地制宜，优先选择核心放射、组团间、次一级的客流走廊布设。

（3）开放灵活，强化系统组成的开放性和运营组织的灵活性

BRT系统不应以大幅降低与其他出行方式的衔接便捷性为代价，而单方面追求系统的独立性。保持适当开放性，改善BRT系统与其他公交系统、非机动车停放区、行人通道等其他交通要素的衔接，可大幅提升乘客出行质量。

此外，应充分发挥BRT运营组织灵活性强的优势，以通道而不是线路，灵活处置BRT运营组织模式，良好应对城市多样化的用地开发与道路条件。同时，BRT系统的运营组织模式必须定期或根据外部环境变化实行动态优化调整。

（4）协同精细，注重配套设施的容量协同和人性化设计

BRT系统服务水平的提升，不单体现在由高度保障的路权、交叉口公交信号优先，或者更环保更现代化的车内乘坐体验，更应体现在人性化的出行全过程之中。这需要完善的设计。为保障乘客采用BRT系统出行的便捷性与舒适性，应注重换乘站台、非机动车停放区、行人通道等配套设施的容量协同。

近期无法落实的设施，应预留相关用地及建设条件。

另外，一定要处理好BRT专用车道与社会小汽车道的关系，对BRT道路进行适当的拓宽改造或构建平行的分流道路体系，减少因BRT建设导致的其他车辆严重拥堵。配套设施设计应以人为本，充分尊重出行习惯，体现人性化。

（5）公交引导，强化BRT对城市空间结构和用地开发的引导

BRT与城市用地布局进行一体化规划，是BRT系统成功的前提。通过BRT枢纽站点培育与支撑城市中心的发展需求，通过走廊构建实现对城市空间结构、用地布局的优化与提升，点面结合，落实公交引导城市发展的理念，促进交通与土地利用的互动发展。

结语

BRT具有适应性强、造价低、组织灵活等突出优点，对正在快速城市化、机动化的中国城市，具有广泛的适用性，但BRT的发展必须建立在客观理性的功能定位以及科学合理的规划设计之上。总之，作为公交发展供给侧改革的重要抓手和途径之一，BRT值得在中国城市大力推广，并不断总结经验，形成有自己特色的快速公交模式。

本文与何小洲（南京市城市与交通规划设计研究院股份有限公司副总工程师，综合交通规划四所所长）合作完成。

（本文于2017年1月23日由澎湃市政厅公信号首次发布）

2 从滴滴出行"大数据"分析看"专车新政"论辩

　　2015年10月27日19：09财新网发表了朱燕以人民网舆情监测室分析师身份撰写的文章《大数据分析：专车乘客究竟是一群怎样的人》（为便于叙述方便，后文将此文简称"朱文"）。文章摘要是：专车乘客的主体是一群以"80后"为主的年轻人，家庭结构稳定化，学历、职业、收入"三高"化，是城市中比较精英的群体。正文5000余字，以大量数据和图标形式，较为详细地分析得出了专车使用人群及其专车出行的五方面主要特征：①社会经济地位：学历、职业、收入"三高"化；②人口学特征：80后成主力消费者，家庭结构稳定化；③出行特征：以工作出行为主，呈短途化、公务化、日常化；④服务评价：整体满意度达8.3分，出行需求升级化、个性化；⑤角色转变：乘客、私家车主、专车司机，三重身份重合化。"朱文"的立意也很明确：针对交通运输部发布的《网络预约出租车经营服务管理暂行办法》（征求意见稿）（以下简称《办法》），将"专车"等新业态纳入出租汽车管理范畴，《办法》中的多项规定引发舆论关注，对"专车"平台及出行乘客带来一定影响。至于这些影响有哪些？影响可能涉及的范围有多大？……期望通过"大数据"来说话，实证分析对这些问题加以"厘清"。看完全文，以我30余年从事城市交通理论与实证研究的经验判断，这五点分析结论总体是可信的。但是否真的厘清了专车应不应该纳入出租车管理范畴？如果将专车纳入出租车管理范畴，到底需要考虑哪些方面的社会影响？影响有哪些？影响面有多大？从这五点可信的结论以及文章中披露的更多的细节数据来看，均没有达到此立意初衷，读者看过以后并没有得到明确而清晰的解答。笔者谨以一名交通分析师、交通咨询师的专业视角，对此进行专业解读与分析，期望让读者从上述五点可信结论之外，加深对这场"专车新政"引来的争议，特别是"朱文"作者本想厘清的问题，有更为清晰的理解。

我本不想质疑"朱文"作者的立意和用心。因为用可信的实证数据（无论是所谓的"大数据"还是抽样调查得来的数据，只要来源是真实的，方法是科学的，就应当是可信的）针对社会热点问题，进行相对理性客观的分析与讨论，这本身是很好的值得倡导与推崇的方法和途径。此文所依据的关键数据来源主要是"滴滴出行大数据平台"以及滴滴出行9月份在全国范围内推出了在线调研。文章很容易被理解为专车争议的利益相关一方的自证自辩材料，但这是滴滴的权利，本无可置疑。如果作者仅以相对独立的普通的第三方，借用滴滴提供的数据信息进行分析解读，只要数据来源和方法是真实的，也是很正常、很正当的。但是，"朱文"作者亮明的身份是"人民网舆情监测室分析师"，如此高大上的身份，既让争辩的另一方难免感到压力和压抑，又有可能让不明就里且并不专业的广大公众受到某种暗示与诱导。如此一来，本来可以是一篇客观理性的分析讨论文章，或者是有理说理的辩论文章，反倒让人对其正当性、公正性产生联想与质疑。这些是题外话。言归正传，笔者引用"朱文"披露的滴滴出行分析数据，并结合南京市6月份开展的居民出行调查中2800余份出租车出行样本初步统计，加之交通工程专业常规调查积累的数据与经验，从专业的角度进行进一步深入解读与思考：

专车出行与出租车出行既有差异性，又有相似性，且相似性远大于差异性。滴滴出行分析得出的结论是专车出行人群呈现出高学历（其中博士或以上学历者达0.5%，硕士达6.2%，本科则有63.9%，初中及以下学历的仅0.2%）、高职业（互联网从业人员成为专车最主要的乘客群体，占到33.2%，其次是建筑地产18.9%、媒体13.7%、金融11.5%等）、高收入特征（69.5%的专车乘客每月可支配收入为3000~10000元，10000元以上的有17.1%）；80后、90后占主力人群（占比为63.21%，平均年龄则在32岁左右）；以工作出行为主，呈短途化、公务化、日常化（上下班通勤是人们最主要的出行需求，被选率达77.2%，其次是休闲/娱乐/逛街/购物、出游/旅行等；时耗5千米以内的专车订单占比39.6%，其次是5~10千米，占比34.9%）。我们再来看南京市居民出行调查数据中出租车出行初步统计结果：学历，本科大专46.1%，研究生及以上3.8%，虽然比上述专车出行人群相对要低一些，但也远高于社会平均学历层次；职业，公司职员30.8%（很大部分是从事或熟悉互联网技术的），其次是离退休人员18.3%、民营个体经营者8.4%、服务人员7.6%、事业单位及公务人员7.2%；收入，51.9%的出租乘客月可支配收入在3000~10000元之间，超过10000元的有2.9%；年龄，80后、90后占63.2%；出行目的，上班上学占15.2%（不含回程），探病就医占6.9%，购物5.7%，赴宴5.0%，公务3.5%，探亲访友3.1%，回程53.0%；时耗5千米以内占31.7%，5~10千米占37.9%。对比以上专车人群出行与出租车人群出行特征统计数据，可以得出以下结论：①专车人群与出租车人群均有高学历、高职业、高收入特征，只不过专车人群"三高"特征更为明显，人群更为集中，出租车服务的普适性更广；②专车出行与出租车出行均呈现目的多样性，但均以上下班通勤通学出行占比最高，但专车的通勤出行比例更高；③均以中短程出行为主，但专车平均出行距离更短；④专车出行与出租车出行既有差异性，又有相似性，且相似性远大于差异性。

专车出行是小众出行而非大众出行。查阅我手头拥有的南京、深圳、重庆、昆明等若干城市交通年度发展报告，出租车出行占居民全方式出行比重，除了重庆山城超过5%，达到6.4%之外，其余城市，南京2.2%~2.6%（历年）、深圳1.7%（2013年）、昆明2.1%~2.7%（历年），均不超过3%。专车是借助互联网技术，通过专车平台预约承运车辆，以专门机动车辆（主要是小汽车）运送乘客完成其出行目的，一种个体化、个性化、有偿承运的新型要约出租运输方式。专车运营出现不过两年左右时间，目前全国的专车平台业主似乎还只是以个位数计。滴滴快车算是龙头老大，据称占据全国70%以上市场份额。援引今年5月23日《扬子晚报》报道5月22日滴滴专车在京新闻发布会披露的信息，专车覆盖61个城市40万司机，专车日订单最高150万单。这样的运营业绩对于新生的滴滴快车单个公司而言，也许的确很骄人。但是对于61个城市，平均按100万人口，每天约1.5亿次出行，其分担率不超过1%。相对于居民出行方式中占70%~90%绝对优势的步行、自行车、公共交通等绿色出行方式而言，绝对是小众出行而非大众出行。当然，即使是小众出行方式，也是全体市民都有可能需要的、不可或缺的出行方式，都是城市交通的重要组成部分；与其他运输方式、出行方式一样，政府和社会都应当给予公平、公正的对待；政府有责任、有义务根据其运输功能、运营特性给予适当的服务、保障、引导和管理。尤其对于建立在互联网技术上的新型要约出租车运输方式（即俗称的所谓专车、约租车等），为广大乘客提供了即时、便捷、舒适的个性化高水平出行服务，应当在有组织、有引导、有管理的前提下给予支持和保障。这既符合党中央、国务院的大政方针，也是交通运输部及各地方政府和相关部门应有的态度。事实上，交通运输部以及上海、江苏等地方交通运输部门对媒体和社会公众的表态与承诺是一贯如一，是符合上述精神的。

专车出行未必一定给城市交通添堵，但更不可能让城市交通缓堵。专车运营应当规制，乘客选择需要理智。就单车运输效率而言，无论是传统出租车、还是专车，乃至私人小汽车，由于均是个体化、个性化的机动交通运输方式，因此均远远低于大容量公共交通，只有普通公共汽车的1/10，BRT、有轨电车等的1/20~1/30，地铁、轻轨的1/30~1/50。需要特别指出的是，就单次出行而言，出租车出行方式的运输效率比私人小汽车还要低很多。原因一是出租车的里程空载率和时间空载率一般在20%~30%，而私人小汽车基本不存在空载。私人小汽车每天出行2~3次，而出租车基本全天候在道路网上运营，每天在道路网上的时空消耗是小汽车的10~20倍，甚至更高，相对于公共交通的人均时空消耗而言，出租车出行人均时空消耗更是要高得多得多！正因如此，大部分国家对城市出租车发展数量进行管控，出租车运输定价远远高于公共交通，欧洲有不少国家不允许出租车在路上巡游揽客，只能电话预约、定点承载服务。专车出行的运输效率和时空消耗介于小汽车和巡游出租车之间。相对于私人小汽车，只要是以盈利为目的运营型专车（非盈利性的合乘车除外），其平均单次出行的时空消耗一定大于私人小汽车，更远大于公共交通，但比传统巡游出租车要低。上文给出的滴滴出行数据和南京市出租车出行数据表明，无论专车出行还是出租车出行，最高出行时间均发生在上下班通勤高峰时段，而此时正是城市道路交通拥堵最为严重的时段。如果城市公共交通不发达在城市道路设施资源给定且十分有限的情况下，市民出行过多依赖小汽车、专车、巡游出租车，那么城市道路交通拥堵状况只会雪上加霜、日趋严重。当然，由于目前专车出行分担率还很低很低，且相对于巡游出租车，其运输效率毕竟有所提高，因此，专车出行也未必会对城市交通拥堵带来多大实质影响，但如果硬要说专车出行能给城市交通缓堵有贡献，那就未免有强词夺理之嫌。

出租汽车需要归位，改革创新需平稳推进。笔者在20世纪80年代中期建立的城市道路网广义容量模型中，将路网时空资源、公交分担率、小汽车分担率、出租车分担率以及外地车比例融合在统一的数学模型中，后来国内又有多位学者对此模型进行了深化研究与完善，且在南京、马鞍山、石家庄、沈阳、鞍山、大连、贵阳等数十座城市交通规划中得到推广应用。经过理论与实证分析，发现出租车出行比重高低也是影响城市道路网总体容量与交通负荷程度的关键因素之一。因此，无论从出租车对城市道路交通整体运营效能与负荷的影响程度，或者说对城市道路交通拥挤度的贡献，还是从其个体机动化运输、个性机动化服务、空载运输带来的废车公里交通负荷等多角衡量，都不应该将出租车交通纳入城市公共交通的组成部分来对待与处置。它与公共自行车类似，可以算是城市公共交通的补充，但不是公共交通的组成。出租车交通不应享受类似公共交通的补贴，而是应该运用经济、技术和行政多种手段，对其规模、价格、运营进行必要的管控与引导。第一，规模上应当有上限控制（在公交不够发达而道路交通拥堵相对可接受的情况下，可以确定基本可接受的上限数量）。第二，价格上应当有下限控制，上限逐步放开（保持与公共交通合理比价关系，保证公共交通出行的价格竞争力）。第三，运营上应当借助互联网、手机、电话等多种现代通信手段，在第一、第二项管制下，积极推动新型出租车运营模式创新与发展，有序扩大约租车（专车）规模，并与巡游出租车实行差别化经营，逐步减少巡游出租车数量，提升巡游出租车服务水平。

创新和提升公交服务，引导理性机动化消费。正如滴滴出行调查数据显示，使用专车出行的人群高度集中在高学历、高职业、高收入等青壮年中产阶层，70%以上已经拥有私家车，使用专车出行的时间集中在上下班高峰，出行目的近80%是上下班通勤。这非常值得专车新政争辩各方的深思和重视！第一，这个人群对出行服务的要求是最高的，包括机动性、自主性、舒适性、私密性等；对专车出行的消费意愿和消费能力也是最强的；他们选择专车出行其实就是私家车出行的替代。第二，他们之所以选择私家车或者专车出行（在专车出现之前，他们也占了出租车服务人群的主体），除了其自身身份特性、消费意愿、消费能力等主观因素之外，在客观上，一方面是城市公共交通方式单一、服务能力差、服务水平低，公共交通的机动性、可达性、可信性、可靠性等均难于满足他们的要求，另一方面是私家车、专车的拥有、使用甚至违章的成本低、门槛低。第三，中国的城市化与机动化正处于快速推进过程中，中国特定的人口、资源、环境条件，不允许走美国式的以小汽车为主导的机动化道路。这一点需要中国政界、学界和民间达成广泛共识。未来中国的中产阶层队伍必将持续快速增长，最终将成为中国社会的主体力量。那么，对于中国中产阶层出行消费理念和消费选择倾向的正确引导，将直接影响中国土地、能源、资源环境能否可持续发展的大局！当然，要真正满足每个城市的老百姓数以百万、千万计日常出行需求，缓解大城市交通拥堵，引导城市空间与土地利用优化，确保城市与交通的健康可持续发展，最关键的寄托与抓手还是要靠城市公共交通！而要让广大市民"愿意乘公交、更多乘公交"，公交优先发展、公交创新提升则刻不容缓。

　　本文与程晓明（南京市城市与交通规划设计研究院股份有限责任公司南京交通大数据中心执行副主任）合作完成。

（本文部分内容发表于2015年11月13日《南方周末》）

3 出租车究竟应该属私还是属公的讨论

编者按：我国对于出租车交通的属性与定位存在着长期争议。就政府层面而言，大部门制改革以前，国家一直将出租车交通纳入城市公共交通范畴，且认为它是公共交通的补充，并以此作为制定出租车行业管理政策的基础和依据。然而，学界有不少专家认为将出租车纳入公共交通范畴不妥。交通大部门制改革以后，国家明确了出租车交通是城市客运交通组成部分，是公共交通的补充，但不属于公共交通范畴，并以此作为新的出租车行业改革政策制定的基础和依据。这样的定位同样也有一些业内领导和专家表示异议。有意思的是，大部门制改革前后，都把出租车当成公共交通的补充，但对出租车是不是公共交通的认知与态度却是大相径庭。仔细体会，前后两个"公共交通"的内涵和外延是不一致的。多年来传统出租车交通行业一直是个敏感行业、争议行业，出租车究竟是否应该享受补贴？是否应当鼓励公司化营运？是否应当实行数量管制和政府定价？份子钱是否合理？等等。各地因上述争议而导致的群体性事件时有发生，成为政府的一块心病。而互联网兴起后，网约车在政府、学界和民众均没有充分思想准备的情况下，在短短一两年内就形成了燎原之势，一方面，为民众提供了方便而廉价的出行服务，缓解各地"打车难"，另一方面，对传统巡游出租车形成严重冲击，同时对大城市道路交通构成很大压力，各地先后爆发了网约车与巡游出租车的冲突事件。那么究竟孰是孰非？权衡利弊，究竟应该取前取后？这是一个复杂的学术问题，但绝非是个单纯的学术问题。已经正式出台的国务院《关于出租车行业改革指导意见》（下文简称《意见》）和七部委《关于网约车管理办法》（下文简称《办法》）中，坚持了出租车作为公共交通的补充，但不纳入公共交通范畴，明确了将网约车与巡游出租车一并纳入出租车范畴的行业定位。这个定位得到了业内大部分专家的肯定，但学界对出租车是否属于公共交通范畴仍然存在一定争议，即使一些拥护《意见》和《办法》的专家，也仍然认为出租车应该纳入公共交通的范畴。而滴滴、优步并购案后，网约车司机的大量退出，其优惠补贴的大幅缩水，网约车的神话是否还会延续？大家也拭目以待。近日几大活跃的交通微信群就此展开了热烈讨论，谨将主要观点整理如下，供大家参考。（杨涛）

@杨涛：关于出租车（包括巡游出租车、网约出租车）的属性问题，我的几点认识供大家评判：①其交通属性，就是小汽车；②其运输属性，是个体化个性化的运输（即便可以多人合乘，最多不过3~4人，也是少数），与小汽车也没有差别；③其行业属性，是典型服务型行业，与宾馆、酒店等没有本质差别。服务行业提供的服务又可以划分为三类：应急救援性服务；基本公共服务；市场选择性服务。其中，应急救援性服务，是指在人（包括个体和群体）不可抗力作用下（包括自然的、人为的）面临生命威胁的情况下需要得到的应急救援服务，这样的服务，无论是社会群体或个体，只要他（们）有能力和条件，都应当承担并提供这样的服务义务，出租车也不例外，但不是其专属义务；基本公共服务，就交通服务而言，是政府的责任，政府应当为城乡居民提供集约的、相对均等的公共交通服务，这不是出租车交通应当承担的责任，政府没有必要也没有能力为大众提供个体化个性化的机动交通服务；市场选择性服务，是由买卖双方按照市场规则自由交易的服务，政府原则上不予干预；但是，由于出租车交通服务要与公共交通、步行和自行车交通等共同占用有限的道路交通时空资源，为了避免"公地悲剧"的发生，政府需要采用数量或者价格杠杆（应当优先考虑采用价格杠杆，即确定

出租车价格底线）对出租车交通实施必要调控。综上所述，我坚持认为出租车交通不应当纳入公共交通范畴。

@王园园：出租车交通在机场火车站这些对外枢纽中的作用有一定的公共服务功能，像上海，多年前出租车一直是城市形象展示的窗口，这一点可能是传统出租车对城市公共资源的特殊贡献。这可以算公共服务，但本质不是公共交通。

@杨佩昆：杨董，全面分析出租车的属性，精彩！

@餘晖：讨论出租汽车定位十分重要。是将其定位为城市综合交通组成部分，是公共交通的补充，还是公共交通多种方式的组成部分？建议出租汽车（定位问题，作者注）可从这次提出出租汽车（行业改革，作者注）过程来思考，网约车（管理办法，作者注）还有两个月就要实施来分析。现在归纳：①从通勤时间要车难，司机负担重，出租汽车公司承包费高等开始。②运用互联网平台叫车为突破口，以支付宝支付，给司机和乘客运价补贴的方法推动。③行业机关和学者是从共享经济、节能减排角度，表示赞赏。④现在情况是，要车依旧方便，同时，滴滴收购优步，邮政合作滴滴注资，近期平台企业对司机乘客减少补贴，运价变化等现象。同时各地推进公共自行车……我们回过头来，就城市交通问题来讲，包括对交通通达和交通污染，出租汽车定位，本文开头提出的出租汽车和网约车应该是如何认识，现在又应该如何办呢？

我也十分关注这个议题。出租汽车属性长期存在争论，甚至于当前，网约车从共享交通出发讨论。现在将变成想用车、难买到的人，不为我所有但归我所用的私人交通，以及被限制用车的时候坚持用私人交通出行方式。或许不完全正确，但现在通勤用网约车已经是多数。我认为定位在于定它的功能和服务对象，而不在于车辆型号和载客人数。在地面公共电汽车需求差距大时，出租车作为通勤交通补充是可以理解的，替代的是自行车，但作为行业定位是不赞成的。我认为出租汽车是服务于一般人群的特殊需求，如去医院，以及特殊人群的需求。应算是公共交通的一部分，纳入公共交通规划范畴，不仅是数量上，在运行组织方面也要有站点规划布局，让它有规律地运营。日后专门讨论一次，以上供参考。

关于网约出租汽车（七部委，作者注）联合发布的规章不包括合乘顺风车等，将本来是公共交通一部分的出租汽车变成不为我有的私人交通出行工具了。甚至网约形式，还可能成为金融争储蓄的手段。

@全永燊（TRC）：赞同杨院对出租车定位的意见。就服务属性而言，它是公共服务产品，但就其使用特性而言，它是一种非集约化的个体交通出行方式（与小汽车同类，无论如何不能归类于集约化的公交方式中），何况就资源占用（完成一个单位客运周转量的能耗及道路资源占用等）还要远高于私家车！

@关宏志：我来谈谈出租车定位的问题，说到出租车的定位问题，有不同的语境。是交通规划的语境和交通政策的语境两大类。在我看来，出租车在两种语境中的属性是不同的。在前者，它应该算作小汽车，在后者，就是需要下面讨论的问题。要讨论出租车算不算公共交通，那首先得说清楚什么是公共交通。关于公共交通的定义应该是，对非特定人群提供非排他性出行服务的交通方式。这里的方式不具体指工具，而是指服务的形式。这个定义的核心是"非排他性"。排他性有两个理解，一是对象的排他，二是服务时能力的排他。说到公共交通，人们很容易想到轨道交通和公共汽车，并以它们来比对其他的交通方式。我们不会因为春运期间买不到火车票，就说火车是非公共交通，也不会因为公共汽车一次无法把站台上的乘客全部拉走，就说公共汽车排他了，而不是公共交通了。再举一个例子，我们去理发，理发师只能一个人一个人地服务，我们不能说这样的服务就是排他，就不是公共服务。因此，公共交通的定义中的"排他"，应该是顾客对象的"排他"。这样看来，出租车除了容量小一点，在服务的对象上是没有选择的。因此，从我们上面的定义出发，它属于公共交通无疑。至于是否要发展出租车，那要看资源和市场情况。记得早些年，我在西部有些城市，出租车3、5元可以到城市的任何地方。出租车很是繁荣，公共交通却萎缩。我们当然不能想象完全没有出租车而只有公共汽车（或者其他公共交通方式）的城市，也无法想象只有出租车而没有其他公共交通方式的城市。根据一个国家、一个城市的资源和市场情况，因地制宜地发展综合交通系统，才是我们应有的态度吧。@陈晓鸿：@关宏志 关于出租车，更多同意你的观点。服务属性与服务效率是两码事。政府对轨道、巴士的支持乃至补贴，是对其正外部性的贴现，而不仅仅因为其对公众提供服务。不是所有的公共服务都应该获得"优先发展"。

@李枫-同济：各位：前面关于出租车定位问题的讨论，非常精彩。以下是本人的几点认识，供参考。①出租车虽是一种"公众交通"出行方式（具有非排他性），应加强"政府监管"，是否定位为"公共交通"，则要看其是由政府主导提供和制定价格，还是完全实行市场机制，由社会主导提供，政府给予指导定价，不再给予公共财政补贴。②长期以来，我国一直将出租车定位为公共交通的补充（可认为具有准公交性质），由政府主导提供、定价和给予公共财政补贴，造成垄断经营，问题百出。实践证明，上述定位出现了偏差。现正处于改革开放，走市场化的正确道路上，目前不宜再定位为公共交通，不应再给予补贴支持（但作为公众交通，仍应加强监管）。③在我国城市综合交通体系规划中，贯彻公交优先战略应已是共识。我想这主要是基于保障交通资源利用效率，优先服务大众出行的考虑。出租车，虽是一种公众出行方式，但在交通效率方面本质上还是小汽车交通方式，从这个角度，虽是公众出行方式，也不宜再定位为公共交通，给予像BUS和RAIL等高效率公众出行方式一样的优先地位（当然，作为公众出行方式，还是应优先于一般小汽车交通。如配置专用站点等）。综合以上啰唆的几点内容：出租车，与BUS和RAIL一样，是一种公众交通出行方式，具有服务的非排他性，应加强"政府监管"；但目前和今后不宜再定位为公交性质，由政府主导提供，垄断经营，给予公共财政补贴，而是应纳入"社会交通"范畴，由社会主导提供，实行市场机制，由政府指导定价（如现在的网约车）。

@李枫-同济：①关键是"公共交通"怎么定义。公共交通，如果泛指所有"为公众提供出行服务"的交通（广义的公共交通，相对私人交通），则毫无疑问出租车与BUS、RAIL一样均属公共交通范畴。公共交通，如特指由政府主导提供（或PPP模式购买）的大容量、高效率的为公众提供出行服务的交通系统（狭义的公共交通，政府主导的公益性交通），则出租车由于其交通效率低、非公益性等，不属于公共交通范畴。②我国城市综合交通体系中，要贯彻"公交优先"战略。显然，这里要优先的"公共交通"应是狭义的公共交通（高效率、为公众出行服务，政府可给予规划、运行方面的优先，包括基于外部正效益的公共财政补贴）。③出租车，虽与BUS、RAIL一样同属为公众出行服务的交通方式，但在交通效率、提供的服务产品规格、公益性、在公众出行中的重要性等均有较大差别。实践证明：前者应由社会主导提供，走市场化道路；后者，应由政府主导提供，实施公共财政补贴。④定义、定位的目的，是为理论研究与工程实践服务。公共交通，应有统一明确的内涵和外延，一是便利于理论构建与交流（无概念，何逻辑），二是有利于交通工程的实践。个人倾向于采用狭义公共交通的概念。如果采用广义的公共交通概念，也应区分"宜优先的公共交通（狭义的公共交通）"和"不需优先的公共交通（如出租车）"。当然，优先与否是相对的。

@关宏志：关于公共交通讨论补遗。前不久，大家围绕"出租车算不算公共交通"展开了热烈的讨论，通过讨论，每个人都有收获，也确实澄清了一些问题，同时也遗留了一些问题，关于公共交通服务和交通工具及公共交通提供者的关系就是其中之一。我多次强调，服务和工具、服务的提供者不是一回事，不能混为一谈。这句话究竟意味着什么呢？我们在前面的讨论中，反复提到出租车这个名词。说到出租车，人们很容易联想到出租车这个交通工具，有人则联想到出租车经营单位。于是牵扯出了许多说法，不一一列举了。大家应该注意到了，我们讨论的主题一直是公共交通，这里的公共交通既不是指公共汽车，也不是指公交公司，而仅仅是指公共交通服务。至于工具（公交汽车）和服务的提供者（公交公司）我们可以暂时放一下。我们给出的定义"对非特定人群提供的非排他性出行服务"，指的是这种公共交通服务的基本概念。现在问题来了！有了公共交通的基本概念，如何将它落实到服务于城市居民的出行上呢？这就是由谁、用怎样的交通工具（车辆）来实现公共交通服务的问题。这时候，政府首先想到的是要尽可能确保每个居民都能享受到安全、廉价和均等的公共交通服务，同时也要满足多种需求。要做到这一点，通常，政府用特许经营的方式，将城市公共交通的经营权利转让给公交提供商，这时候才有了公交车和公交公司，公交提供商通过多种形式的交通工具，如公共电汽车、轨道交通及出租车等方式，提供不同规格、不同质量的公共交通服务产品。同时，政府通过监管，来确保公交提供商的服务产品达到一定的服务水平。因为城市公共交通特许经营后就形成了垄断经营，如果没有政府的监管，会产生许多弊端。大家提到的"出租车拒载"问题，也是政府监管的一个方面。因为，"出租车拒载"既是出租车服务的质量问题，又是公共交通不允许的对乘客的"排他性"问题。政府对此监管，正是要确保出租车经营的"非排他性"。现在我们明白了，公共交通服务产品品种、规格多种多样。交通工具也好、公共交通的提供商公私属性也罢，只能影响公交产品的规格和质量，不能改变公共交通服务的基本性质。由于特许经营和"政府购买服务"，今后会有更多的私营企业进入城市公共交通服务领域，这些因素和政府的监管力度都只能影响到公交服务产品的规格和质量，而无法改变公共交通服务的基本属性。有些人可能会说：对公共交通或许有不同的定义，从而就会有不同的理解。我想说，这种可能性完全存在。就好比人们给"文化"这一概念的定义，据说达到了惊人的100多种！不过，我们不要忘记，什么是定义呢？我认为，定义是对事物本质属性的刻画、抽象和描述。最好的定义肯定是有的，不太好的定义只会让人围绕着问题的核心走更远的路，仅此而已。敬请大家批评指正！@杨涛：@关宏志 你的分析视角比较独特！我思考的问题重点放在作为出行方式，其属性与特性，交通政策、交通规划等应有的选择与应对。

@杨涛：关于出租车属性与定位讨论，我针对@关宏志 等高见，首先想到有几点值得继续论辩：①将交通规划与交通政策分为两个不同语境来看出租车，有新意，但未必有重大差别。某种意义上，交通政策的针对性、公平性、有效性，更需要反思我们对出租车的传统定位（公共交通的补充、组成部分）。②出租车是否应该纳入公共交通，一是看公共交通本身的定义，二是看实际的利弊得失。③中西方关于"交通"、"运输"、"公共交通"、"公交"等定义和含义确实有多重性，也有交叉性和矛盾性。④像我国那样因燃油涨价而给出租车补贴的政策，据我了解在世界上也是奇葩政策，其理由就是"出租车是公交的组成部分"。⑤出租车群体性事件不单单是网约车造成的，长期以来是政府的心病，与出租车的传统定位有极大关系。⑥公共交通与公共服务、公共服务与基本公共服务等概念也需要界定清楚。⑦英文中，transit, mass transit, public transport几个词，如何准确理解？由此，是否可能重新给出中文定义？⑧交通问题是否也类似住房问题，应该将公租房、经适房、商品房、高档商品房的政策区别开来？以上几点，我自己还需要深入思考。也求教各位同仁！@张宇：@杨涛~南京城交院 杨董高见！

@江评：@杨涛~南京城交院 赞思考和反问。感觉出租车还有几个维度的事情：①地理空间社会经济差异，像纽约曼哈顿，上海内城那样的地方，以及小城市的出租车，属性是否应该区别对待？②不同所有制和管理体制下的出租车，如自带车辆和牌照加盟出租车服务的，还有"出卖"牌照，招募劳动力提供出租车服务的。③揽客方式的不同，比如线下巡游揽客为主的，或以电话网上的预订为主的。④一次载客数量的差异，一次只带一个客人的，或一次可以带几个乃至十几个客人的。

@徐康明：Public transport（also known as public transportation, public transit, or mass transit）is a shared passenger-transport service which is available for use by the general public, as distinct from modes such as taxicab, carpooling, or hired buses, which are not shared by strangers without private arrangement.（公共交通Public transport，也可以称为public transportation, public transit, or mass transit，是一种可以被普通公众所使用的共享性的旅客运输服务，是有别于出租车、合乘车，或租赁巴士的服务方式，那些服务如果没有私人约定，是不可以被陌生人共享的。编者译注）

@江评：关于⑦，我组织过我的学生进行讨论。transit泛指一般的非个体，私人化的交通方式，提供服务的，可以是公家，也可以是私人。所以，美国联邦政府的transit管理机构叫federal transit administration。public transit，特指公家参与乃至主导的，public transport和public transit经常可以互换。但在美国，用public transportation的比较多，例如纽约、洛杉矶这样的大城市的公共交通管理部门，都用这个词。public transport，public transit在英国、欧洲大陆用得比较多。

据我所知，美国是没有联邦统一的出租车政策和定性的。有关工作下放到各州乃至各市。这也反映出在一个疆土广大，各地差异巨大的国家出租车很难实现大一统的管理和规划。

个人感觉对于出租车，政府要做的是充分调研，合理总结出几大类型，然后提出一些可以动态调整的分类指导原则，建立沟通协商机制和矛盾纠纷解决机制，另外就是各种案例数据的搜集和共享。

@徐康明：公共交通会议那天全老的定性原则我比较认同，第一是大众可以公共使用，第二有一个公共使用人群的规模限制。个人认为，将规模定义为7人以上，即可解决定性问题。市内或城际包车，由于限定了使用人群，就不属于公共交通，出租汽车即使有合乘出租，由于规模不到，仍然不属于公共交通。

出租汽车属于个性化有偿公共服务，是一种经营行为，需要讨论的是从保护消费者权益角度出发有无必要对其价格进行管控。这次出租汽车纷争，一些人大放厥词却始终没有讨论到出租汽车管制机制的核心内涵之一，即政府需不需要以定价或政府指导价的形式来确定出租汽车的价格体系。管制机制的第二个核心是质量管控，出租汽车作为运输人的服务，涉及公众安全，所以前置的安全保障机制无可厚非，而一些人士当初提出的让子弹飞，是不顾乘客安全权益，完全藐视公共服务基本道德和管理底线。

@徐康明：某些人刚提出这类观点，我们就提出强烈的批评。杨兄和江评提出的许多出租汽车该考虑的因素都十分重要，我始终认为出租汽车不是公共交通，也不是公共交通的组成部分，是公共交通的补充，是客运体系的组成部分，或更广泛地讲是城市综合交通运输体系的组成部分。

"二、明确出租汽车行业定位。（三）科学定位出租汽车服务。出租汽车是城市综合交通运输体系的组成部分，是城市公共交通的补充，为社会公众提供个性化运输服务。出租汽车服务主要包括巡游、网络预约等方式。城市人民政府要优先发展公共交通，适度发展出租汽车，优化城市交通结构。要统筹发展巡游出租汽车（以下简称巡游车）和网络预约出租汽车（以下简称网约车），实行错位发展和差异化经营，为社会公众提供品质化、多样化的运输服务。要根据大中小城市特点、社会公众多样化出行需求和出租汽车发展定位，综合考虑人口数量、经济发展水平、城市交通拥堵状况、出租汽车里程利用率等因素，合理把握出租汽车运力规模及在城市综合交通运输体系中的分担比例，建立动态监测和调整机制，逐步实现市场调节。新增和更新出租汽车，优先使用新能源汽车。"

这是国务院颁布的深化出租汽车改革文件中的内容。这段话中唯一的技术性遗憾是，应该包括出租汽车从业人员时间利用率，因为运力规模调控不到位，从业人员的时间利用率会很低。当然，在该政策文件中已有"等"这一个词，因此也不必列出所有的该考虑因素。

@全永燊（TRC）：@徐康明 以我之见，出租车这个定位是确切的。

@杨东援：出租车与网约车的市场定位是否应该有差异？如果两者针对的是同样的市场空间，不同的管制是否会引发混乱？价格管制与否是否与市场划分有关？

@徐康明：从制度设计上来讲，出租汽车的制度设计十分复杂，提意见门槛低，提建议门槛高。

@徐康明：@东援 兄提到了整个政策中最最核心的要点，为了鼓励新业态发展和提升传统业态，这次采用了分类分层监管的思路，因为这是目前状况下可行的路径之一，当然还有其他路径也可选用。

@江评：各位的讨论很精彩。我也许偏学术和基础研究，感觉我们应该有个相对稳定的研究团队和中心，系统搜集和整理各种关于出租车的资料、数据和观点。今年4、5月的时候，我在北大深圳研究生院访学，发现好几个北大的学生前后脚地研究出租车。如果各位大咖有兴趣，我们看看能不能"公私合营"，利用北大深圳研究生院的平台和资源，设立一个出租车研究中心？我愿意牵线搭桥。我自己也还欠着北大深圳研究生院几篇关于出租车的文章。

@徐康明：分类分层监管机制的核心是两种业态的分隔机制及相应管制机制的内涵，欧洲和亚洲许多国家，就是由于担忧分隔机制的有效性，分类监管机制的公平性，以及经营企业有恃无恐地挑战监管机制底线，对网约车实行一禁了之。

在国家政策制定过程中，资本和企业的势力，以及支持他们立场和观点的公知和学者，无非是希望进一步弱化两种业态的分隔机制，以及希望分类监管机制中网约车的监管机制越弱越对他们有利，这种干扰在国家层面中有部分让步，但在主要领导的支持下，顶住了外界的压力，因此他们希望重蹈覆辙争取在地方落地政策中争取更大的权益。

然而，正如@东援 兄所言，任何政策和制度都有适用性，超出了适用范围就不能发挥作用了，所以网约车是暂行办法，可行继续执行，不可行就必须修改或废止。

@杨涛：出租车的定位讨论，我们既要注重理论解析，同时也要考虑中国国情。中国的基本国情是人多地少。对于大城市、特大城市、超大城市，空间资源比财政资源更稀缺，而且不可再生！一味强调市场导向、个人自由，对于中国而言，一如一味地计划经济、平均主义同样可怕，同样是灾难！我既不赞成因为要考虑公交供应不足、服务不到，将出租车纳入辅助公共交通范畴；也不赞成因为考虑市场化、自由化而完全让市场说话，不管城市大小、资源条件，不需要数量和价格管制。这就是我这几天一直思考的出发点。

@仝永樂（TRC）：无论如何，市场监管不可放松，数量和价格是核心！

@徐康明：@杨涛～南京城交院 杨兄，完全赞同您的观点，辅助公交的内涵是对公共交通的补充，paratransit。para的拉丁原意是平行，paratransit，我把它翻译成辅助公交，而内涵仍然是公共交通的补充。解释一下我对辅助公交的内涵理解，个人认为还是公共交通的补充，所以出租汽车是辅助公交不矛盾。

@餘暉：@徐明康，我关心出租汽车定位问题。想请教，出租汽车与网约租车是一个市场还是两个市场，市场规则是不是同一个，网约平台的资本运行和网约企业经营，对出租汽车从市场经济规范运行，对城市交通的利弊，对公共交通优先发展政策更好体现。（这个问题与@杨东援老师问的问题一样，非常好！我认为两者面向的是同一市场，只是服务档次有所差异。这与酒店服务业类似。编者后注）

@Paul：从预约时间来看，如果是30分钟内的即时预约，网约车就是传统出租车电召的技术升级，是同一个市场，换句话说，好多年前我们就在一些地方的出租车发展规划里呼吁出租车运营模式从巡游向电召转型，以提高效率和转变出租车个体化经营带来的各种矛盾，强化企业的经营属性；如果是30分钟以上的预约，那和传统出租车的市场是分隔的。目前国内的网约车很多是即时预约，神州和易到有相当一部分是超过30分钟的非即时预约。

@徐康明：@张全华南理工大学 是的，这是分隔机制很重要的一条。

@Paul：@徐康明 现在地方细则里很难提出按预约时间分隔市场的做法，国家的暂行办法里没有提，地方就没法做。地方更多地通过指定高于出租车档次的车型来分隔，但高多少可以分隔开，现在也很难预计。至于价格，很多地方也不敢出政府指导价，更多选择市场调节价。所以可以预见，地方细则落地后，效果本质上是出租车运力的扩容，而两类车实际上还是在一个市场里。

@徐康明：深化出租汽车改革需要分几步棋来走，当前宏观环境和资本势力，不可能让出租汽车改革一步到位。

@餘晖：这步改革应将"网约车平台公司承担承运人责任"的职责，"从事网络车经营服务的企业法人"，具体规定明白，否则似乎是扩容，调价，方便想打车者，就会有缺失，就不像讨论之初衷是谈共享经济，而是支撑个人小汽车出行。

@杨涛：@餘晖 由关于出租车属性、定位的讨论延伸思考，凸显交通学科理论构建的必要性和紧迫性！这是交通学科相关的学界、业界、政界等共同使命和任务。高校和科研院所的学者与科研人员尤其义不容辞。@餘晖：赞成！

@刘志：我觉得网约租车是一个新行业，已证明有相当的市场活力，但我们现在大谈定位是不是为时过早，任何通过规制给新生事物定位，都有可能限制或扼杀它的生命力。我们是不是应该先关注网约租车的供求关系、准入（出于服务基本标准、安全和税收的考虑）、定价、垄断可能等问题？@杨涛：@刘志技术的进步离不开伦理和理论。原子理论既可以造福人类，更可以毁灭人类。互联网技术同理。

@餘晖：现在是将网约车已定位为出租汽车范围了，这实际上已将其纳入城市交通的需求管理来讨论。所以定位就重要。@杨涛：@餘晖 很对！

编后再思考

关于出租车定位。很抱歉，我对@餘晖先生、@陈晓鸿老师、@关宏志老师等对出租车定位的看法依然持保留意见。@餘晖先生认为，出租车是服务一般人群的特殊需求，如去医院……，以及特殊人群的需求。这个本身没有错。但这跟出租车是否应该纳入公共交通应该是两回事。看病就医如果在非紧急状态情况之下完全可以通过公共交通、步行、自行车和私家车等不同交通方式，都可以解决。用出租车服务去看病就医不是唯一的选择。如果说是紧急状态生命攸关的情况之下，出租车作为应急性的交通服务，我觉得这是理所当然。但是这个跟出租车是否是公共交通也没有太大的关系。就算是私家车驾驶员，如果说有人紧急求助，作为人道主义去提供帮助也是应该的。而如果认为在公共交通服务不便或不到的情况下，或者说公共交通供给不足的情况之下，把出租汽车作为服务一般人群提供的特殊需求、作为通勤交通的补充，甚至来替代自行车等，这个也可以理解，但并不意味着出租车就应该也算公共交通。我仔细琢磨@餘晖先生坚持强调出租车作为公共交通一部分，其本意是想将出租车与公共交通一样纳入政府统筹管理的范围，在数量、价格，乃至场站设施等进行统筹规划、规范管理。这也正是大部门制改革前我国出租车行业管理长期坚持的思路和模式。但我想指出的，公共交通与出租车的数量管控、价格管控，两者目的和理由是完全不同的。就公共交通而言应该以需定供，应该提供足够的公共交通数量和市民能够接受的相对划算的价格，以满足公共交通的基本公共服务、大众通勤服务和城市交通集约高效性的功能。而出租车则不应该完全以需定供，对于大城市、特大城市而言，反而需要通过数量和价格管制，特别是明确与公共交通的合理比价级差底线，来抑制出租车出行需求的过度增长。大部门制改革前，我国历史上长期对出租车数量和价格管制的理由和目的与公共交通等同看待。但恰恰这正是出租车长期以来行业矛盾、市场矛盾、社会矛盾的关键原因所在。其根本的认识偏差，在于认为政府没有能力提供足够的公共交通服务，意图利用出租车作为公共交通服务的补充，为公众提供公共交通，甚至自行车的替代服务。在当年小汽车拥有水平极低的情况下，出租车作为公共交通的补充也确实发挥了应有的作用，但出租车作为公共交通的组成部分这个认识偏差并没有引起人们的深思和重视，却成为出租车从业者不断向政府要价，甚至以群体性事件向政府施压的理由。事实上，出租车无论从它的交通特性、运行特性、组织特性，还是服务特性等，都应该是一种个性化的运输服务和市场化的服务行业。出租车的数量管控和价格管控，对于大城市的偏远郊区和中小城市是可以放开的。而对于大城市、特大城市而言，其数量管控和价格管控目的不是为了保障基本公共出行服务，而是为了控制出租车作为个体机动交通的这种低效出行需求，减少道路交通资源的过度占用。

对于关宏志老师提出以是否排他性来衡量出租车是不是公共交通工具（关老师认为"关于公共交通的定义应该是，对非特定人群提供非排他性出行服务的交通方式"。——这个定义是否合适，值得商榷。编者注），我也有不同看法。我的意见是，首先，公共交通与公共服务不是等同的两个概念。公共交通与出租车交通虽然都是提供公共服务的，但不能由此就认为出租车交通也是公共交通。其次，我赞成以是否具有排他性来衡量出租车是否与公共交通同属一个范畴的标准，但我的结论恰恰与关老师相反。因为，排他性不应当以车辆是否可以选择乘客为标准来认定，而应当是车上的乘客是否具有排他性来决定。真正的公共交通是公平公开面向广大公众服务的，是不具有排他性选择的。除非公交车辆已经满员，而在不满员的情况之下，公交车辆、司机及车上乘客是不能拒绝其他公众自由上下乘用的（这一点关老师也注意到了）。而出租车、网约车，或者自主的顺风车，与私家车类似，只要有乘客选定这辆车以后，这辆车就会具有排他性，其他乘客未经车上乘客或车主许可是不可以乘用的。由此可见，公共交通与出租车、私家车在公共性方面确实是有本质区别。前者是无排他性的公众出行公共服务，后者是有排他性的公众出行公共服务。

再说网约车。@餘晖先生说的，现在的网约车某种程度上已经变成了私家车的替代。这一点看法完全正确，一针见血，点到了问题的实质。因此，说"网约车可以减缓交通拥堵"完全是一句谎话。现在网约车确确实实是很多市民私人机动交通出行的一种替代，某种程度上成了私家车的替代。它在分享经济名义下，没有明确的进入门槛、责任义务、规范的市场管控，在一种完全自由市场经济的状况下运行，既极大冲击了大城市、特大城市道路交通正常运行，加剧了道路交通拥堵，又存在很大的交通安全与社会治安隐患。所以，国务院和七部委将网约车与巡游车统一到出租车范畴，进行规范化管理和监控是非常必要的。

另外，关于公共交通的补充。除了出租车之外，步行、自行车、公共自行车、私家车、顺风车等，也都可以作为公共交通的补充。并不能因为出租车可以作为公共交通的补充，就应该将其纳入公共交通范畴。

归纳总结以上分析，可以清楚得出：出租车是一种个体化、个性化的、有排他性的机动交通出行方式，它是城市客运交通的一部分，可以作为城市公共交通的补充，但是不宜纳入公共交通范畴。（@杨涛）

（本文于2016年9月11日澎湃市政厅公信号首次发布）

4 拼车合乘：一个不该争议的争议话题

　　"中国梦"是什么梦？对于国家来说，就是强国梦，对于百姓来说，就是幸福梦。幸福又是什么？直白一点，就是欲望（也可以说需求）的满足。人的欲望有物质的，也有精神的。根据马斯洛的需求层次理论，物质的需求是基本的需求，精神的需求是相对更高的需求。"汽车梦"也许是中国梦的一部分。对于国家而言，"汽车梦"是强国梦的一部分。发展汽车产业是为了拉动和促进经济增长。在2009年全球金融风暴中，中国的汽车产业产销两旺，逆势强劲增长，一跃跻身年产年销1000万辆的汽车大国俱乐部，对拉动内需、抗击金融风暴发挥了重要作用。对于百姓而言，"汽车梦"是幸福梦的一部分。汽车以其机动灵活、快捷方便、舒适私密等特点和优势，是任何公共交通工具和其他私人交通方式都无可匹敌的。拥有自己的私人汽车，是幸福的追求，是富裕的象征。然而，按照"矛盾论"的观点，任何事情都有两面性，任何事情都需要掌握好"度"。在一定的"度"以内，他（它）可能是个天使，超出了这个"度"，他（它）很可能就变成了魔鬼，美梦将变成噩梦。汽车是最典型的又像天使又像魔鬼的交通工具。绕了这么一大圈，是想说明，讨论"拼车合乘"问题，其实本质上是如何正确认识汽车交通的利与弊，如何引导人们对出行需求的正确认识和理性选择。

　　如果是单纯地利用私人小汽车或出租汽车搭载或接送自己的亲朋好友，虽然也是属于"拼车合乘"行为，但那是属于公众自主自由选择的个人行为，政府不用干涉也无权干涉，如果遇到交通事故，也由出行者及其随行者自己承担或处理相关责任。

　　"拼车合乘"行为之所以成为公共话题，主要有两方面的缘由。一是为了提高私家车和出租车的使用效率，减轻道路交通拥堵压力和节能减排等，政府主动倡导鼓励"拼车合乘"行为。这时"拼车合乘"就不再是公众个人选择行为，而成为政府向公众邀约的社会行为。二是"拼车合乘"过程中出现的利益关系和交通事故责任如何界定与分担。

　　作为责任政府和法治政府，第一，为了尽最大可能减少小汽车交通低效高耗高排的外部负效应，更好地维护公众利益，促进城市可持续发展，政府应当积极倡导和鼓励公众选择"拼车合乘"。欧美先进国家城市自20世纪六七十年代经历了小汽车无节制滥用带来的交通大拥堵和严重石油危机以后，就陆续出台相关政策和技术措施，允许并倡导鼓励"拼车合乘"。具体政策措施包括：①对于"拼车合乘"者，降低停车费，减收或免收其交通拥堵费；②对于固定长期"拼车合乘"者，由政府或雇主补贴交通费等。技术措施包括：①允许"拼车合乘"的高乘坐率车辆在公交专用道通行；②在高速公路和快速路上开辟高乘坐率车辆专用车道（HOV车道）；③在停车换乘点优先安排停车位等。第二，对于"拼车合乘"过程中可能出现的利益纠纷和交通事故责任界定与分担等争议，政府不应采取回避、禁止或自我免责等行为，而应当通过广泛调研，在征集吸纳民意的基础上，完善相关法律法规。西方国家倡导和鼓励"拼车合乘"已经几十年了，并没有引起多少"拼车合乘"带来的利益纠纷和交通事故责任纠纷。而"拼车合乘"在我国已经争议近20年了，至今还没有形成充分的社会共识。其最主要的根源还是政府相关部门始终过多考虑"拼车合乘"过程中可能出现的利益纠纷和交通事故责任纠纷，而没有更多地从尽可能减少小汽车交通低效高耗高排的外部负效应，更好地维护公众利益、促进城市可持续发展这个积极正面的大局来考量。

另外，倡导和鼓励"拼车合乘"能收获的直接的排堵保畅、节能减排效果也许并非想象的那么明显，但比之更重要、广泛而持久的意义在于营造一种理性节制的机动出行消费理念和文化环境，让更多人理解和支持公共交通优先发展和优先通行，自觉选择公共交通或步行、自行车等绿色交通出行，自觉选择多人合乘出行而减少单人小汽车出行。如此，我们的"汽车梦"才可能是一场美梦而不是噩梦。

5 短评：巴铁发明创新需要遵循基本科学原理

　　近日，被称为中国原创重大发明的"巴铁"（又称"立体巴士"）占据了不少新闻的焦点。据称这种交通工具能够解决城市交通拥堵，"肚子里面能跑小汽车"，上面还能承载1000多名乘客，引起了公众的广泛讨论，掀起了一番热潮。

　　媒体报道，巴铁是一种大运量宽体高架电车，采用了高效低碳新技术，将BRT和地铁等优点融为一体的全新发明。巴铁运行时凌驾于道路之上，分上、下两层，上层载客，下层可通车，大大提高了运输效率，从而有效解决城市交通拥堵。

　　然而，在巴铁概念火爆的同时，笔者作为城市交通从业人员希望从行业的角度进行一番思考，谈一谈巴铁创新发明需要遵循哪些基本科学原理。

　　首先，技术创新需要正确的价值取向。巴铁的出发点仍在于"为小汽车让路"。城市交通资源的有限性决定了只有分清主次，把资源分配给主要矛盾的

主要方面——公共交通，才能有效解决城市交通问题。巴铁概念的提出，是把最有利又有限的路面空间让小汽车通行，而非从根本上抑制小汽车出行需求，也就很难作用于缓解交通拥堵。

其次，技术创新需要符合基本科学原理和技术标准。巴铁的许多基本参数还不满足基本的标准要求。巴铁总高度只有4.5~4.7米，下层小汽车通行高度2.2米，上层乘客空间高度2.3~2.5米。一是这个尺寸不符合最起码的交通安全要求。小汽车通行高度2.2米只满足速度5千米以下的车库高度要求。在50~60千米/小时的设计时速下，2.2米的净空高度没有哪个小车司机敢开车行驶。国内外设计规范中，连非机动车道路的净空高度都要求3.5米，何况机动车呢？对5座及以上的小客车（面包车）那就更不靠谱了。二是巴铁上层空间的设计也不满足乘客基本空间的需要。巴铁长度达到54米，宽7.8米，可用于承载乘客的空间面积约为350平方米。即便如此，考虑到座位、走廊空间等要求，巴铁最多可承载600~700人左右，很难满足其"容纳1200~1400名乘客"的初衷。三是这样的宽体超大客车车型很难满足车辆结构安全稳定要求。假定巴铁车辆仅按600人载员计算（而不是发明者宣称的1000~1200人），载员重量就高达35~37吨，加上车体自重，估计接近40吨。这40吨的宽体巴铁车厢其重心距离地面的高度达3米左右。仅靠两侧很薄的车体钢壳支撑，在30千米/小时以上车速行驶中的动载冲击下，几乎无法保证其车辆结构的安全稳定。四是巴铁4.5～4.7米高度的车辆很难在既有已经存在立交桥、人行过街天桥以及有许多几十甚至上百年行道树的城市道路上推广使用，不然将导致大量拆迁，破坏城市历史、景观和文脉。此外，巴铁的巨型车体也不满足转弯半径、过街设施净空等规范要求。

当然，公众的发明创新愿望和激情应该鼓励和保护。但是，发明创新都需要遵循最基本的科学原理，需要充分论证和严密的科学计算，不能一蹴而就，更不能脱离实际。目前，优先发展公共交通、倡导绿色出行仍是缓解交通拥堵、实现城市交通可持续发展的根本途径和出路。

（本文于2016年8月18日"行之道"公信号，首次发布，中国交通新闻网、环球网、搜狐网、网易财经等门户网站转载）

6 对话的对话

——与巴铁可行性研究报告作者商榷

仔细拜读了澎湃对6年前"立体快巴"（即现在的"巴铁"）可行性研究承担者，上海交通大学张建武教授的访谈稿，张教授大约70%～80%的观点和判断我基本赞同，20%～30%值得商榷。

张教授关于巴铁及其主要发明者宋有洲先生的基本评价总体上比较客观。我也从来没有全盘否定巴铁的创意。一切新技术、新发明、新创造都不会是完全尊崇既有的技术，一定会对传统技术有所突破。发明者和创造者既可能是受过专业培训、有专业素养的人，也完全有可能是跨界的有兴趣的非专业人士。现代城市规划的经典理论"田园城市"的首创者霍华德也没有正规的科班学历，是一名贫穷的速记员。所以，仅仅从发明创造行为的角度看巴铁、看宋有洲，都有值得肯定的一面。但是，这不等于说，不管这发明是否合理可行，都不能去质疑和怀疑。真正的科学的合理的发明创造应该是经得起质疑甚至怀疑的。

张教授是机电方面的行家、专家。他对巴铁车辆制造方面的核心技术及其问题分析非常在行，非常专业。他认为"巴铁核心技术分布式轮毂电机驱动技术还没解决，此外，控制系统、差速系统、正常运行牵引承重系统等也还没解决，车体部分是解决了"；"为巴铁提供技术的公司原来是做结构的，不太懂计算机控制、轮边驱动、电机技术"；"以巴铁目前的样子，还只能称之为演示，不能算做测试。关键是驱动行走实现不了，它现在能测的也就是上层结构，测一测是否稳定，长度够不够"。这些结论意味着从车辆制造技术角度看目前的巴铁，只不过仅仅做了一个模仿车体的壳子，既谈不上"高深技术"，也谈不上"重大突破"，还缺乏基本的可行性。张教授作为机电方面的专家，给出的这些专业判断应该是非常专业、权威的。

我不能同意张教授的，一是认为对巴铁的质疑是利益驱动，是为了保护既得利益和既有技术；二是他对目前这个巴铁适用性和可行性的分析与判断。关于前者，我相信目前提出质疑、接受采访、参与讨论的各方专家以及媒体绝大部分是出于公心，并没有特殊的利益诉求。反倒是巴铁公司自身的态度和作为已经远远超出单纯的发明创造与科技研发。也有人怀疑张教授的这次受访是否也有某种利益背景，我觉得这种怀疑是没有必要的。看了张教授的点评，我觉得总体上是就技术论技术，不怀疑他有特殊的利益诉求。对于后者，张教授是搞机电工程的，从他的专业角度分析，他指出了巴铁诸多不成熟、不合理之处，尤其指出巴铁制造需要突破三大核心技术，而且他认为巴铁6年多来这三大核心技术并没有大的突破。这是我们搞交通工程专业的所不能胜任的。但是，从交通的角度分析评价巴铁的适用性、可行性，张教授就不怎么在行了。

张教授非常明确地指出："它无非就是这么一个产品，关键是它能否和现有的大交通融合"，"可行性论证要解决的问题就两个：一个是城市大交通要解决一系列问题，不单纯是技术问题，而是城市系统问题"，"另一个问题是技术问题"。我想应该是巴铁车辆设计与制造问题。这个判断也是十分准确的。就巴铁车辆设计与制造方面核心技术与目前进展，张教授已经给出了上述权威性的评价。而对于巴铁与城市大交通的融合可行性研究，他说"不单纯是技术问题"，我认为这个判断也是对的。但首先也还是技术问题，即交通工程技术问题。这方面的研究张教授请了非交通工程专业的同校机械与动力工程学院从事工业工程专业的王丽亚教授担任（在王教授简历业绩中确实有"落地空中巴士可行性研究分项负责人"的记录）。王教授在交通工程方面是否如张教授在机电工程方面那样在行，对巴铁与城市交通的融合可行性研究结论是什么？我们不得而知，不敢妄议。但我是做交通工程研究的，我日前专门撰文从交通工程专业的角度指出了巴铁车辆设计中的基本尺寸不符合起码的交通安全要求。这个结论无论是对照相关技术标准与规范还是向其他交通工程同行求证都是没有异议的。对于稍有经验的汽车驾驶员也应该能理解。

交通工程学是一门研究人、车、路以及环境相互关系及其工程应用的综合性、交叉性学科。主要研究领域包括交通相关要素及其系统的基本特性，交通流理论、交通容量与能力、交通规划、交通设计、交通控制、交通安全、交通能源、交通环境等。一种新型交通工具的发明、研制及应用，不仅仅是车辆本身，更重要的是要与交通系统规划、道路工程设计、交通设计、安全运行、交通组织、交通控制与管理以及能源环境等一系列相关技术相适应。

巴铁发明与研制目前还仅仅停留在车辆构造的概念设计与车体的制造研制方面，对于它运行使用所需要的交通系统规划和道路交通设计、控制与管理及其环境设计等方面的考虑是十分欠缺的。正如日前我文章中提到的巴铁下层净空高度只有2.2米，这个尺寸还不满足时速5千米/小时以下的停车库的安全净空高度要求，何况要让时速至少30千米/小时以上的小汽车自由穿行？！如果要满足期望的小汽车能安全行驶，其下层净空高度至少提高到3米以上，那么巴铁的车身高度至少要提高到5.5米以上，车体的重心距地面也要在3.5米以上。如此一来对巴铁车辆的稳定性、车体材料的强度、刚度、韧度要求又与现在的设计大相径庭。即使这些都能解决，它在运动状态下的侧向净空也不是目前道路设计中车道宽度所能保证安全通行的。再者其下层两车道只能供小汽车通行，意味着本来可以正常通行的大中型客货车甚至面包车都必须绕道而行。而被巴铁占用两车道后城市干路能够供其他车辆通行的就只剩下1~2车道，这样本来已经十分拥挤的道路很可能被完全堵死！这与巴铁发明意图缓解交通拥堵的初衷完全背道而驰。更严重的是对公交系统，特别是公交乘客的负面影响是巨大的。一方面巴铁本身的乘客上下车都必须爬差不多三层楼的楼梯；另一方面，使路面常规公交线路与车站的设置带来极大困难，甚至无法设置，从而导致公交乘客极大不便。这更不是城市交通发展正确的方向和期望的结果，等等。其他需要深入研究与专门设计交通、环境、建筑方面内容的还有很多很多。

那么，单纯从发明创造的角度看，巴铁是否还值得继续研制试验下去呢？我觉得，如果宋先生能够真的虚心听取不同专业专家们，甚至公众的意见和建议，并吸纳必要的专业技术人员配合，进行不断改进，倒也不排除有朝一日，巴铁真的成为一种新型公共交通工具的可能。但至少目前的试样距离可行和成功还非常非常遥远。

假设巴铁车辆设计下层净空可以满足大小客车安全正常通行（竖向净空高度不小于4.5米，侧向净空宽度不限于0.3米，也即巴铁车辆整体高度要达到6.8～7.0米，宽度8.0～8.2米。这是能够保证对城市道路交通和市民出行影响最小且公平，保证常规路面公交和大巴等集约交通正常通行的要求），且张建武教授提到的巴铁车辆设计与制造所有关键技术都得到圆满解决，那么，就需要由交通工程、道路工程、桥梁工程、建筑与建筑工程等多专业多领域专家完成量身定制的适合于巴铁运行的道路、桥梁、交通、车站等设计。

第一，这样的巨型路面新型公交应当在城市新区新建道路上选线。由于其运能有可能达到高峰小时断面客流2～3万人，加上路面常规公交运能也可以达到0.5～1.0万人，整体通道运能接近地铁。因此巴铁选择的路径应当是城市新区主要客流走廊，串联新区中心、副中心、片区中心。

第二，由于巴铁车辆是非标准的超高、超宽、超重车辆，既有城市道路与桥梁的设计标准均无法满足巴铁安全通行与使用要求，因此需要根据巴铁车辆尺寸与重量（包括它的动荷载），定制新的道路与桥梁设计标准，包括道路安全净空、车道宽度、桥梁承载能力及其相应的材料设计、结构设计。

第三，巴铁车站设计。这都是高架立体车站，应当做到安全、美观、经济，应当配设上下移动扶梯和障碍电梯，车站具有售检票系统和功能，并有电子公交站牌。

第四，为了保证巴铁车辆的安全通行，巴铁途经道路原则上不能栽树绿化，至少不能栽种乔木。

第五，对于商业区，最好规划建设二层步行系统，开放二层商业门面，直接衔接二层巴铁车站，等等。

如此，我们也许真的可以期待这种新型公交成为城市客运新选择，城市街道新风景。

（本文于2016月9月1日由澎湃市政厅公信号首次发布）

7 "巴铁"事件，暴露了国民科学素养与创新环境营造的问题

2016年5月20日，一条来自新华社的消息，《陆地空客——"巴铁"强势亮相北京科博会》，配以炫目图片与视频，使沉寂多年的"空中快巴"以"巴铁"的新名称、新包装，迅速占据各大门户网站显著位置，成为热炒的话题，一时轰动社会。媒体报道一开始非常高调，认为这是"中国原创重大发明，世界级明星"。随后，一部分专家和网民对其可行性、适用性表示异议。我也在第一时间，从交通工程专业角度，对"巴铁"创意的出发点、主要技术参数、安全性、稳定性、适用性等进行了多方面点评。媒体对此作了报道。随后，舆论出现支持派和怀疑派之间的争论。近日，又爆出巴铁公司涉嫌非法集资，再次引起舆论哗然。由此，有些问题需要我们进一步深入思考。

所谓"民间科技发明创造"，大体指的是：没有受过专业教育和培训的非专业人士，出于自己的兴趣爱好，自发开展的科技创新活动。这类活动无时无刻不在进行当中。尤其是，当下的"大众创业、万众创新"，是社会的正能量，

2016年8月8日，秦皇岛北戴河，工作人员在巴铁车站进行调试设备（澎湃新闻记者 贾亚男 图）

值得倡导和鼓励。

　　我每年要接待好几批各种不同的对交通有兴趣的民间科创人士。他们中，有中学生，也有很多离退休老同志，有的近在身边，有的远在新疆伊犁。有人孜孜不倦，数十年专注于某一交通技术发明创造。这些发明创造，包括立体交叉口设计、公交线路设计、铁路轨道设计、无轨电车设计等。我认为，对正常的民间创新发明，我等专业人士应该鼓励和包容，即使这些想法不成熟，也不应求全责备。每次我都对他们热情接待，耐心回答提问，提供专业客观的评价和建议。

　　但是，像"巴铁"这样的发明，没有经过严格科学论证和试验运行，其立意与技术参数本身存在重大缺陷，就急于炒作，甚至开始向社会募资，这明显带有功利投机的色彩。人们对此需要引起怀疑和警惕。

　　这不由得使我想起，十多年前，有另一位民间发明者，是深圳一家房地产开发商老总。他号称发明了一种所谓"节地型畅通城市模式"。其创意很简单，也是在城市设计和交通设计中经常采用的手法：利用地形，因地制宜进行立体化道路设计，实行人车分离。这位先生把这种特定场合适用的设计手法，扩大到构造一个全城、全路网立体化人车分离道路网系统，而且企图完全消除红绿灯控制。他认为，这样一种道路网规划设计与运行组织方式，能大幅提高道路网容量，让一千人拥有六百辆汽车，而不出现交通拥堵。他自称，这是他原创发明的所谓"节地型畅通城市模式"。

他还出版了几本"专著"。我原本不认识这位先生，是他主动将著作寄给了我。我拜读后稍一推敲，就发现他的创意出发点、立论依据、理论推导、所称效果等均不符合基本的科学原理，更与交通工程的系统理论不相吻合。

随后，突然接到这位发明者邀请，要在深圳召开高端研讨会。我本不想参加，后来了解到，业内多位资深专家均接到他的邀请，我感到此人定有图谋。我与几位专家通了电话：要么大家都不去，要么大家一起去澄清事实和指出谬误。

到了深圳会上，才了解到，此次研讨来头不小，主办方挂了某著名国家智囊研究机构名头，邀请了多家中央和地方媒体，还准备了一份所谓"中国新城市汽车主义宣言"。主持人开场白甚至称，这项发明堪称"诺奖"级的重大成果。

在会上，我抢先以专业人士和全国人大代表的双重身份发言。我开宗明义指出，希望到会媒体，对这样一个未经验证、还存在重大缺陷的"成果"，进行客观的、实事求是的报道；然后，我列举了这种模式存在的诸多常识性错误和漏洞。

没有想到的是，这位发明者多次通过全国人大代表提出建议案，给建设、国土等主管部门施加压力，要求全国试点推广。央视还为其做了多档高端访谈节目。所幸，他的"节地畅通城市模式"至今没有任何一个城市真去采纳试点。会上的那份"中国新城市汽车主义宣言"没有一个专家认可和签署，也就不了了之。

改革开放三十余年来，从"节地畅通城市"模式，再到今天的"巴铁"，还有早期的"装配式简易立交"等，反复出现的所谓"重大民间科创成果"，其特征与过程何其相似。

第一，这种所谓"重大科创成果"，都是以社会关切的热点、难点问题，或借中央倡导的口号，如节能减排（能源危机）、土地节约、汽车发展、交通拥堵等为切入点，很容易引起领导重视、媒体跟踪和公众关注。

第二，发明者急功近利，往往在未经严格科学验证、论证的前提下，将不成熟的，甚至连"小试"都没有进行或通过的所谓"成果"匆忙公之于众。

第三，为造成轰动效应，发明者会挖空心思找领导、找专家、找平台、找媒体为其背书造势。

第四，某些领导公务繁忙，在没有仔细思考判别，尤其是请懂行专业人士帮助甄别的情况下，匆忙批示表态；某些媒体为了跟主题、抢新闻、抓眼球，往往在没有进行充分求证、核实的情况下，按照发明者设计好的套路、口径，进行夸大其词的报道宣传。

第五，随之，大量公众开始热议，甚至为国感到无比自豪、为己开始高度期待，发明者则借机开始牟利运作。

第六，有基本科学素养、理智思考的公众，开始表示怀疑，有担当、道义和勇气的专业人士，扮演皇帝新衣故事中的小孩，站出来，从基本科学原理（有些其实就是科学常识）和专业理论、规范、标准等方面，揭露这些"重大科创成果"的漏洞与缺陷。

第七，舆论和社会开始冷静，"发明"的风头慢慢淡去。

第八，这种不靠谱的民间发明者，往往不甘于半途而废，会在数年乃至数十年间，反复公关、纠缠和炒作。但时间老人是最冷静的，最终总是证明，泡泡就是泡泡，迟早并一定会破，原先的炒作、热捧、自豪和期待，不过是南柯一梦。

凭良心说，那些民间发明者，应该也是很执着的。在十年、二十年甚至更长时间里，他们都孜孜不倦，热情与精神可嘉。科学研究与创造发明，的确需要这样执着的精神。但科学研究光有执着精神是不够的，更需要从科学的原点出发，按照科学的原理，提出创意与进行研发。如果缺少最起码的科学素养，不尊重最起码的科学原理，那么任何发明创造，只能是空中楼阁，即使在某些方面有创意，其成功可能性也极低。

如何对待"民间发明家"

当然，对于这些热心执着的民间发明家，本来不用太苛刻，可以用宽容甚至赞赏的眼光来评价和鼓励他们。专业人士也应实事求是并明白无误地，向他们及早指出其发明创造中哪些是有创意、有价值的，而哪些存在缺陷和问题，可能会使他的努力前功尽弃。这才是对民间发明者的一种爱护和支持。但如果有些人凭着某种不靠谱的"奇思妙想"，又听不进善意而有益的指导与规劝，一味哗众取宠、夸大其词，并拉大旗作虎皮，企图忽悠领导、欺骗公众，对这样的"创新发明"应该毫不犹豫、毫不留情，及时揭露制止。

媒体首先需要反思和改进。媒体机构和从业人员，应该具备最起码的科学精神与素养。我认为，媒体报道这类新闻，必须经过充分调查，有足够的依据，有来自权威部门，至少是专业人士明确公正可靠的判断，才能去进行实事求是、客观公正的报道。不能为了吸引眼球、追求收视率、点击率、阅读量，在没有充分核实的情况下，向社会公众传达不准确的信息，给这些所谓"民间发明"戴上高帽子。

其次就是领导官员，对民间发明创造，也需要在尊重科学、尊重专业、尊重专家的基础上，以实事求是的态度，慎重表态和决策。

再次，社会公众应自觉提升科学精神与科学素养，以便更好地识别新理念、新技术、新发明的靠谱程度，至少不要轻易相信某些媒体或发明者自身的吹嘘和忽悠。

最后，作为社会的良知和良心，业内专家及时进行有专业担当、客观公正的分析评判，当然更是非常关键的。

做一次南柯梦情有可原，但反复多次做这样的南柯梦，就应该进行深刻反思和检讨。这些不靠谱的"民间创造发明"和炒作闹剧，浪费了很多社会资源，可能使不明就里的领导和百姓上当受骗，造成不必要的财产损失和资源浪费，对政府和媒体的公信力也会造成极大伤害。

这还不是最主要的，更值得反思和重视的，是可能形成一种浮躁焦虑、急功近利的社会风气，对营造全社会尊重科学、尊重知识、尊重人才的气氛，提升全民科学精神与素养、开展严谨的科学研究与发明创造，都十分不利。我们国家的全民科学精神与素养的提升还任重道远。

（本文于2016月8月8日由澎湃市政厅公信号首次发布）

8 大连，请千万珍惜硕果仅存的有轨电车线路！

紧急呼救

日前接到澎湃市政厅记者王昀一条微信，称大连有轨电车202线有可能被拆迁。小王是大连人，很熟悉也很热爱这条有轨电车线，听说这消息，很伤心很着急！希望有专家站出来发声，阻止这件事情的发生。

我得知这个消息也很吃惊，很意外，很着急！立即联系了大连规划院隽副院长核实此事是否当真。隽副院长微信告诉我，确有其事，他也明确表示反对。

大连对于我来讲是一个非常值得纪念的城市。因为它是我从事交通专业事业的起源之地。三十年前我还在读交通工程研究生，有幸受导师东南大学徐吉谦教授派遣到大连参加国家"七五"科技攻关项目"大城市综合交通体系规划模式研究"试点城市调研，在大连住了半个月时间，曾多次乘车体验这条幸存了近一个世纪的有轨电车线，印象相当深刻。

作为长期从事城市交通规划设计科研、教学与实践的专业人士，我一直推崇的就是大连、长春等少数从解放前修建，后经过升级改造，并一直沿用至今的有轨电车。认为这才是真正有前途的值得推广的经济实用型有轨电车的发展理念和发展模式。不但不应该拆除，反而应当更好地保护、利用和复制推广。因此，我也代表全国交通学界紧急呼吁，希望大连政府及其相关部门和领导千万手下留情，千万保留这两条宝贵的有轨电车线路，让它们继续作为大连城市公共交通不可或缺的重要组成部分，为广大市民和来访者提供正常运营服务，既发挥其城市公交的重要功能，又发挥其城市历史记忆、文化遗产、旅游观光功能，同时，作为一种经济实用型有轨电车样板，可以成为全国性的示范线路。

202路有轨电车完全有理由永久保留

根据百度搜索，2010年2月28日，大连晚报首次披露202路有轨电车线路有可能因地铁建设而被拆除或搬迁。当日天涯论坛的网友们就开始热议和争论。拆除202路有轨电车的主要理由有两点：一是有轨电车202线与地铁1号线路径完全重复，功能重叠，可能导致互相争抢客源和运能浪费，有轨电车已经运营亏损；二是有轨电车占据路面资源，与社会车辆混行，相互干扰严重，事故频发。拆除该有轨电车线路，既可以有效发挥地铁1号线快速大容量的公共交通的实力与功效，又可以提高路面机动车交通通行能力，减少道路交通干扰和事故隐患。也有市民建议，有轨电车拆除后，可以开辟公交专用道。大连市交通局2015年承认在地铁1号线相关前期研究时，已经将部分公交线路划入被撤掉范围内，其中就包括202路有轨电车。交通局有关领导表示："从兴工街站到河口站，202路有轨电车与地铁1号线完全重合，因此理论上202路有轨电车应该拆掉。"以上动议，如果仅仅着眼于近期城市交通需求的满足和道路机动交通能力的提升，似乎理由充分、势在必行。但是，无论从历史和现实的角度、还是从系统发展的角度，深入分析，其理由都是站不住脚的。

值得庆幸的是，对于市民关心的202路有轨电车是否取消的问题，大连市政府及有关部门目前还是比较冷静和理性的。2015年3月市交通局副局长姜冰在接受媒体采访时表示，202路有轨电车与其他公交线路不同，如果拆掉需要考虑三方面的因素：一是具有百年历史的有轨电车已经成为大连这座城市的特色，目前国内许多城市都在建设有轨电车，如果真要拆掉是否合适；二是尽管地铁1号线与202路有轨电车线路完全重合，但两者各自的车站间距还是有所区别，可以满足同一区域不同位置市民的乘车需求；三是地铁与202路有轨电车的乘坐人群不一样，如果是一两站这样的短途，多数市民还是会选择乘坐202路有轨电车，而不会选择乘坐地铁1号线。此外，如果拆掉，工程难度、实际可操作性等方面也需要考虑在内。目前202路有轨电车是否拆掉，交通部门正在进一步论证，结果尚需等待时日。时至今日，大连交通部门的论证结论尚未公布，政府也还没有明确的决策意见。

首先，我赞成应从历史的眼光看待大连仅存的两条有轨电车线路。大连与北京、上海一样，是我国最早建设和开通有轨电车的少数城市之一。1908年大连市第一条有轨电车线路开工建设，次年就相继开通了5条。到1950年，大连先后修复、调整了11条有轨电车运行线路，总长48.9千米，车辆144台，职工5000余人，日均客运量45.33万人次。有轨电车成为当时大连市民最主要的交通工具。可惜的是，20世纪70年代以后，由于城市人口增长，尤其是汽车交通快速增长，城市道路交通压力日趋加大，大连开始大规模拆除有轨电车线路。到1977年大连仅保留了3条有轨电车线路。这3条线路首尾相连，从东到西贯穿了整个市中心，全长15千米。此后，大连市有轨电车线路经过多次调整，最终保留了201路和202路两条。最能代表大连有轨电车线路历史风貌的，是201路有轨电车"东关街—市场街—北京街"这段线路。这条1千米长的路段，是大连现存最古老的一段有轨电车线路。可以说，有轨电车已经不仅仅是普通的公共交通工具，而已经成为大连这座东方"浪漫之都"的历史记忆、文化遗存和标志。过去30多年我国快速城市化的进程中，已经有大量的历史建筑、文化遗存被粗暴地拆除了，成了永远的遗憾和伤痛！这样的错误和遗憾千万不能在大连有轨电车线路上再发生了。

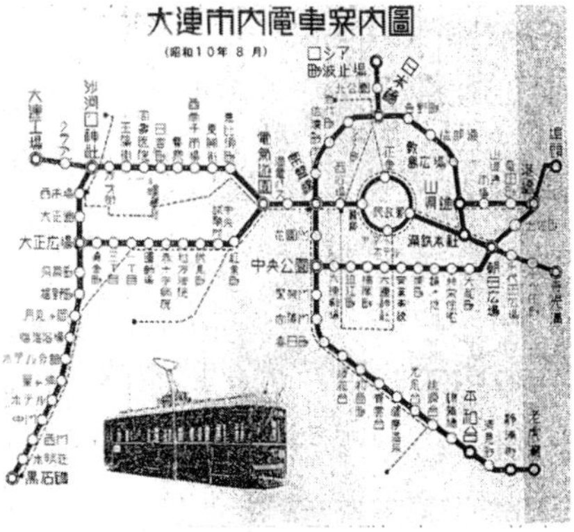

其次，我也完全赞成尽管202路有轨电车线路与地铁1号线完全重合，但两者各自的站间距不同，可以适应

图1　大连日占时期有轨电车线网图

和满足不同起讫点和不同乘距的乘客的乘车需求的判断。也就是说，有轨电车与同走廊的地铁虽有竞争关系，但同时具有互补关系。前者站间距小、车站密，主要承担中短距离乘客出行需求，且在路面运行，对于行动不便的老年人和残疾人更为方便乘用。后者站间距大、车站稀，更适宜于3千米以上的中长距离公交出行。作为同是城市公共交通重要组成部分的地铁与路面公共交通，都带有公益性和基本公共服务职能。这种公益性服务的互补性比公共交通企业经营的竞争性更重要。大连202路有轨电车线路与地铁1号线虽然在同走廊上运行，但担当着不同公共交通服务功能，完全应该互补共存，为广大乘客提供更好的公共服务。

最后，从系统发展的眼光看，地铁与包括有轨电车在内的地面公共交通的互补性还不仅仅表现在公交基本公共服务的互补性上，还表现在运输能力和应急服务的互补性上。国内外大量实践案例证明，在大城市主要客流走廊上，不仅需要快速大容量的地铁支撑服务，同时也需要优质方便的路面公共交通服务。伦敦、巴黎、哥本哈根、赫尔辛基、东京、名古屋、大阪等欧亚许多先进的公交都市主要客流走廊上都是城际铁路、城市轨道、有轨电车、公共汽车等多种公共交通方式多重线路并存的。北京、上海、广州、深圳、南京等已经实现地铁网络化、规模化运营的城市，从初期地铁走廊上减少路面公交线路到近年来逐步恢复路面公交，甚至重新开设公交专用道、BRT等，重塑复合公交走廊。同样，大连202路有轨电车线路以及既有的其他路面公交线路与地铁1号线所在的复合公交走廊是大连市最重要的城市发展轴线,最大的客流走廊之一。它们共同承担起支撑和引导大连城市这条高密度、高强度发展轴带的成长发展和黄金客流走廊的高效低碳运输服务的功能。

国际经验教训值得借鉴

从世界有轨电车发展史看,有轨电车经历了兴衰存亡、复兴涅槃的曲折历程。有轨电车最早由德国工程师维尔纳·冯·西门子发明,于1879年在柏林博览会上首次展出。1887年匈牙利布达佩斯开通了首条有轨电车。次年,美国弗吉尼亚州的里士满也开通了有轨电车。至20世纪初第一次世界大战以前,路面有轨电车已经在欧洲、美洲、大洋洲和亚洲的各大中城市普及开来。20世纪20年代初期,美国有轨电车线路总长达25000千米。美国各大城市居民出行中90%以上的机动化出行靠有轨电车承担完成,小汽车的普及率还不到10%。但是,很不幸的是当时的通用、福特等汽车公司为了迅速推销私人小汽车,扭转其严重亏损局面,有意收购了美国各大城市有轨电车公司,然后迅速将有轨电车统统拆除,用了不到10年时间,基本摧毁了美国已经普及化的城市有轨电车系统,逼迫美国人走上了汽车化之路。第二次世界大战结束,20世纪50年代以后,北美、亚洲、欧洲许多城市也纷纷拆除有轨电车,给小汽车交通让路。

欧洲城市的有轨电车是全世界最早的现代公共交通方式,历史已经超过100年。在汽车化之前,作为工业革命发源地和最早实现工业化的欧洲国家城市都是建立在通勤列车、地铁轻轨和有轨电车基础上的轨道城市。城市的形态结构与轨道交通线网和枢纽布局有些极为密切的关系,市中心基本都是以中央火车站为核心和支撑成长起来的。除少量的地铁轻轨线路外,最普及、最发达的公交系统就是有轨电车系统。第二次世界大战结束后,欧洲城市也经历了汽车快速普及化,公共交通特别是路面有轨电车走向衰退,交通拥堵、环境污染、能源危机等一系列严重城市病的困扰。20世纪70年代全球石油危机爆

图2　早期有轨电车

发后，欧洲国家城市及时觉醒过来：不能任凭小汽车低成本无节制地增长和滥用；必须重新振兴公交系统，倡导自行车出行，创造良好的步行、自行车出行条件和环境。于是曾经一度趋向衰败的有轨电车被重新重视起来。幸运的是，欧洲城市本来很密集、很发达的有轨电车系统并没有像北美城市那样因汽车化冲击而被大量拆除，而是被大量保留了下来。有许多城市对原有陈旧的运能较小的老式有轨电车进行了技术升级改造，运输能力、服务水平、舒适性、稳定性、环保性等均有了很大提高。时至今日，欧洲城市有轨电车是全世界品种最多、功能最全、效用最大的。

欧洲有轨电车最主要集中在老城区；老城区的有轨电车相对于小汽车享有充分的优先权；中心城区的有轨电车普及性很高，无论是快速路、主干路，还是次干路、重要支路，几乎都布设了有轨电车；西欧城市正在运营的有轨电车既有老式笨重的单节车厢的，也有4节、5节、6节，甚至7节编组的现代有轨电车；有轨电车车站相当简陋，绝对没有看到像国内城市普遍采用的豪华版、奢侈版的车站；有轨电车基本上都采用空中接触网供电，没有看到国内一些新的无接触网的有轨电车；有轨电车满座率很低，座位绰绰有余，估计平峰时不足30%；有轨电车即使平峰期发车频率也很高，不超过2分钟，这让大多数乘客对乘用有轨电车出行有足够的信任和信心！这一点对于乘客而言其实是最重要的！对于欧美发达国家，公共交通作为城市公益性基本公共服务，政府和市民关注的是乘客愿意选乘公交所期望的满意的服务水平，而不是其是否盈利。

世界有轨电车100多年来的兴衰存亡、复兴涅槃的曲折历程与不同效果，对于包括大连在内的我国大城市交通发展具有重要的借鉴意义。

有轨电车亟待正本清源

我国幅员辽阔、人口众多、城镇密集、资源紧张。优先发展公共交通不仅仅是一项城市交通的根本战略，更是一项涉及土地、能源、环境乃至国家安全等多方面健康可持续发展的基本国策。作为大陆型、高密度人口国家，我们必须建立包括高铁、城际铁路、普速铁路、都市圈（区）快速轨道、地铁、轻轨、有轨电车、快速公交（BRT）、干线公交、普线公交、支线公交、特色公交、定制公交等在内的，覆盖区域（城际）、城市、城乡的开放式、多模式、多层次、一体化无缝衔接的完整公共交通系统。要使公共交通满足不同区域、不同城市、不同走廊、不同人群、不同目的对其充分性、方便性、快捷性、可靠性、舒适性、经济性等多方面的需求和需要。

有轨电车是完整公共交通体系中的重要组成部分，是介于地铁和公共汽车之间的一种中运量公共交通方式，是一种既古老又现代的新兴公共交通方式。其主要优点在于：一是运能高适应性，通常可适应高峰小时高峰断面客流3000~18000人次/小时，既可以在200万人口以上特大城市、未布设地铁轻轨等高运能轨道交通的次级公交走廊上采用，也可在人口50~200万之间的大中城市主次客流走廊乃至50万人以下的中小城市广泛推广；二是节能环保，有轨电车采用的都是电气化清洁能源，能源利用效率高，无尾气排放；三是经济实用，有轨电车属于路面公共交通，无须隧道或高架，拆迁也较少，正常情况下每千米建设投资3000~7000万元，是地铁的1/5~1/10，是轻轨的1/2~1/5。

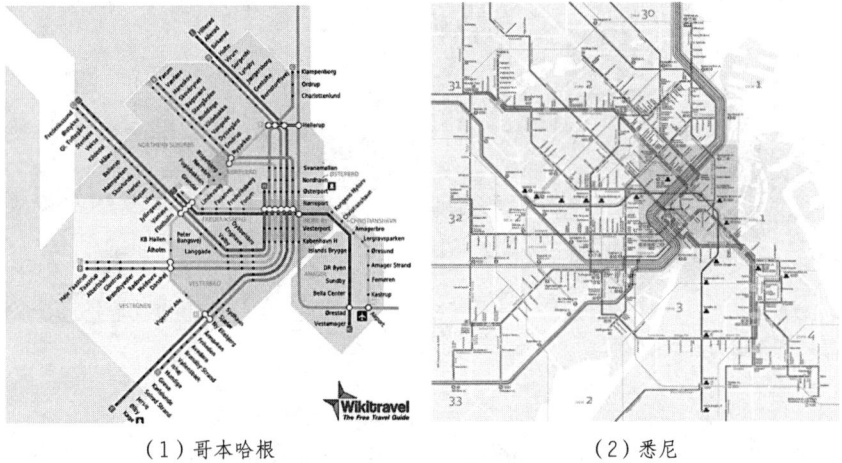

（1）哥本哈根 （2）悉尼

图3 多模式复合型城市公交网络案例

而其不足或不利的方面，主要表现在：一是对道路空间的占用和要求较高，新建有轨电车线路，通常选择的城市道路车道数双向不少于6车道，且沿线没有大树影响有轨电车线路布设；二是混合路权，与路面社会机动交通、非机动车交通等有相互干扰，对既有道路的机动通行能力有较大影响，相对于地铁、轻轨等独立路权的轨道交通而言，其交通事故发生概率较高；三是对道路交通控制系统要求较高，对道路交通管理能力与成本要求也较高。但是，如果完整和辩证地看城市交通发展总体战略与价值判断，因地制宜发展有轨电车体现了公共优先发展的总体战略，体现了以公交优先、乘客优先的道路交通供给侧改革方向和策略，体现了"以人为本"现代城市交通管理的先进理念。至于混合路权下的交通安全与交通秩序问题，这并不是有轨电车本身的问题，而是整体道路交通规划设计、交通组织管理、交通法治与文明建设的问题。

进入21世纪以来，我国天津、上海、沈阳、南京、广州、苏州、淮安等城市陆续建设开通了一批"现代有轨电车"线路。尽管这些有轨电车线路的立项建设出发点之一都是体现和落实公交优先，但是，这些所谓的"现代有轨电车"线路与大连这样传统升级的有轨电车线路大相径庭。这些线路要么是试验性的、形象性的；要么是为了绕开国家审批，决策背景大多是领导意图、工程导向和设计单位助推的。这些线路的选线选址、客流预测、车辆选型、建设时机、工程投资、系统设计等均存在或多或少的缺陷和遗憾。突出表现在一是缺乏城市交通系统规划依据和严谨的科学论证；二是开通初期客流普遍偏小；

图4 升级后的新型有轨电车

三是工程投资单位造价普遍偏高，普遍在0.8~1.2亿元/千米，有的甚至高达1.5~2.0亿元/千米。作为间于轻轨和普通公共汽车运能之间的中运量公共交通方式，这些如此昂贵的豪华版"现代有轨电车"，性价比极低，没有普遍推广价值，实际上是将本该大有前途的有轨电车发展带入歧途！

有轨电车呼喊大连样板

从网络和媒体舆情看，大部分大连人和外地游客，甚至外国友人，都很看重大连历史传承下来的有轨电车，把它看成这座城市文化积淀的一个重要方面，既是经济实用型有轨电车的样板，也是不可多得的旅游资源。为此，大连市政府于20世纪90年代后期开始对老式的有轨电车实施更新改造。从1996年12月开始，仅仅花了4000万元，用三年时间改造完成现存3条线路上行驶的98台有轨电车，使这些"古董"更实用、更具观赏性，成为大连这座旅游城市的又一品牌。这样价廉物美、性价比高的大众型有轨电车才是城市真正需要的、有前途的、可持续的有轨电车。据说，英国、比利时、瑞士、意大利、法国以及日本等国的首脑、专家以及国内外游客，闻讯专程来大连体验和考察。大连作为我国最早一批开通有轨电车的城市之一，在城市化机动化进程中，其有轨电车同样经历了由兴到衰的曲折历程。今天，它又是极少数依然保留有轨电车的城市之一，其有轨电车线路的留存极具纪念意义、象征意义、示范意义和推广意义！

（本文于2016年09月23日由澎湃市政厅公信号首次发布）

9 中国城市自行车交通的捍卫与救赎

光明网2016年5月13日发表了一篇《交通系统的革命：自行车高速公路》的报道称，正当发展中国家大力发展各自的高速公路和高铁系统之时，欧洲的一些发达国家，却另辟蹊径地纷纷兴建专门向骑车人开放的自行车高速公路。由"四轮"向"两轮"的回归，从某种意义上说，称得上是公路交通系统发生的一场革命。我理解，如果只看欧洲国家建设几条"自行车高速公路"，那只是倡导和鼓励自行车交通发展的举措之一，还称不上一场革命，不应对此夸大其词。但整个欧盟国家确实正在试图推动一场绿色交通革命，包括继续提升公共交通，大力改善步行与自行车交通，实施更加严格的停车政策来管理小汽车交通，广泛推动市区低排放乃至零排放区域交通管制政策，等等。这些政策措施是欧盟交通运输白皮书宣示的一揽子系统方案，且对所有成员国城市有十分明确、严格、刚性的目标要求和时间要求，很值得我们认真学习。

就中国城市而言，我们依然处于城市化与机动化持续联动快速发展的进程中；处于城市空间形态结构、出行方式结构的转型演变进程中。正面临一场极为复杂、敏感而关键的城市交通战役与革命。而就中国绝大部分的自行车交通而言，并不是一场革命，而是一场急需捍卫与救赎的生死保卫战！

革命理想贵在坚持

欧洲城市自行车交通发展实际成效比较好的国家并不多，主要是荷兰、丹麦、瑞典、芬兰等几个西北欧国家。尤其阿姆斯特丹、哥本哈根、斯德哥尔摩、赫尔辛基四个首都城市更是倡导、鼓励发展自行车交通的典范，自行车出行分担率均超过了30%，有的甚至超过40%。自行车出行成为这些城市广大市民特别是中产阶级喜闻乐见、普遍接受的日常交通主要方式。

这些发达国家城市能够在机动化浪潮中抵挡住小汽车交通便利、舒适、体面的巨大诱惑和压力，而使自行车交通发展取得如此骄人业绩和理想效果，既非一厢情愿，也非一蹴而就，而是天时、地理、人和各种因素综合并且长期坚持的结果。首先，这几个西北欧城市均具有自行车交通较为适宜的地形地貌和气候条件。其次，这些国家从第一、二次世界大战前后的机动化迅猛到来的初期就很快意识到小汽车交通过度发展给城市环境、市民健康、生活品质带来的冲击和危害，明确了公交优先和倡导鼓励自行车交通出行的交通发展战略与政策。再次，城市道路交通供应侧方面，从硬件到软件努力创造安全、顺畅、舒适且系统完整的自行车交通网络、设施和环境。包括规划建设高密度、完整连续的自行车交通网络；自行车交通网络与居住小区、公共设施、就业场所的无缝衔接；道路空间与时间分配上给予自行车交通优先保障；开辟自行车交通专用道、专用路乃至建设所谓自行车高速公路等；提供充足、安全、便利的、自行车停放空间，并与公交车站、港站枢纽良好衔接；发展公共自行车系统，等等。最后，城市交通需求侧方面，一方面对于小汽车交通采取高油价、高税率、高收费政策，大幅度清除路内小汽车停车，限制市区特别是中心区机动车行驶车速在30千米/小时以下，划定老城区为机动车低排放零排放区域，等等，引导人们对小汽车出行的依赖；另一方面，广泛宣传绿色交通理念，从市长、公务员到中产阶级、普通市民，对于保护生态环境和人类家园，主动选用步行、自行车和公共交通等绿色交通方式，减少小汽车出行既达成了广泛共识，又落实到了具体行动。

以最为成功的北欧自行车之都——哥本哈根为例，哥本哈根市长期倡导和鼓励"公交+步行和自行车"的绿色出行模式。哥本哈根市居民出行方式结构中公交约占33%，步行和自行车约占40%，小汽车约占27%。公交和慢行交通相比柏林、伦敦、芝加哥、纽约等其他西方大城市，小汽车出行比重明显低于这些城市。这样的结果首先得益于构建了轨道交通与城市发展走廊良好切合的"手型城市"，在这些联系中心区与外围郊区的轨道走廊上，通勤高峰期公共交通出行比重高达60%~70%。其次得益于步行和自行车与轨道交通车站之间良好的衔接配合。在距离车站的1千米范围内，步行是最主要的接近方式；在距离车站1~1.5千米范围内，自行车占据主导地位，占据约40%的比例；即使在距离车站2.5公里时，自行车出行在所有到达出行中所占的比例还高达30%，小汽车仅占19%，其余约50%通过支线公交换乘。最后得益于对步行和自行车交通的倡导鼓励。自20世纪80年代中期以来，哥市就开始努力打造自行车城市，将原有的机动车道和路侧的停车区改造为自行车专用道。从1970~1995年，该市自行车专用道的长度从210千米增加到300多千米，自行车出行量增长了65%。通勤出行中自行车出行所占的比例已高达34%，与中国的许多大城市相当。为推广自行车，哥本哈根在1995年还推出了一个名为"城市自行车"的自行车短期租赁计划，更便于市民利用自行车换乘轨道交通。

革命成功何其艰难

尽管欧洲有这样一些自行车交通发展良好、堪称典范的城市，但整个欧洲大陆除了少数城市（不限于上述四个首都城市）之外，其他大部分城市还是以机动车交通占主导，自行车交通不过是象征性的配角。欧美国家很多城市的确都在试图倡导和鼓励自行车交通，提出可步行、可骑行的道路交通改善目标和完整街道设计的理念与技术，在有限的道路空间内规划出自行车道，广泛推动公共自行车系统建设。但是，大部分都收效甚微，自行车出行分担率很低，大多不足1%，基本可以忽略不计。道路自行车流量很少，根本谈不上是一场革命！原因也是多方面的。从供给侧看：既有的道路交通系统大部分是建立在机动交通导向基础上的，只有机动车道和人行道，并没有考虑自行车交通存在的必要与可能；即使近年来很多城市努力对机动车道进行了重分配，辟出部分自行车道空间，有的开辟了自行车专用道、专用路，但毕竟不成体系，再加上自行车停放空间很难做到就近、分散、充分，因此难于形成完整、连续、安全、便利的自行车网络、设施和服务体系，也就无法让大多数市民主动和放心地选择自行车出行。从需求侧看，一百多年来机动化发展，已经使发达国家大部分市民习惯于采用小汽车方式出行。而人们的出行方式选择在特定时期、特定条件下具有很强的习惯性、依赖性，绝非一朝一夕和短时间内能够更改的。尤其现代社会中，一方面人们的工作压力大，工作节奏快，对出行时间价值、随机性和便利性要求高；另一方面，富裕化的人们休闲、娱乐、聚会、购物等出行活动，对出行的私密性、便利性、舒适性等要求高，加之目的地选择多样性、分散性带来出行距离长等问题，小汽车交通相比自行车交通具有天然的优势；在没有足够完整、便利的自行车交通网络、设施与服务支持，没有对小汽车交通实行较为严格的限制、管治、调控的情况下，要想让更多人自觉自愿选择自行车交通出行也是不可能的。真正意义上的自行车交通革命之路绝非想象的那么美好、那么理想、那么容易，能够找到的公认的自行车交通革命成功案例屈指可数。

"王国"桂冠何其珍贵

迄今为止，世界公认的"自行车王国"只有3个国家：中国、荷兰、丹麦。如果说，荷兰、丹麦这两个国家自行车普及率很高，分别达到100%和90%，在机动化基本普及的情况下，其自行车交通还能达到如此高的普及率难能可贵。作为发达国家自行车交通发展的样板，值得钦佩和学习，他们自己也十分珍视和珍惜"自行车王国"这个光荣称号。那么，中国这样的人口大国，也能成为"自行车王国"，更值得国人骄傲与自豪，更值得国人珍视和珍惜。荷兰、丹麦毕竟都是欧洲小国，国土面积相当，不过4万多平方千米，荷兰全国人口不到1700万，丹麦全国人口不过500多万，均不及中国一个省。中国幅员960万平方千米、13亿多人口、660多座城市。在20世纪80年代末，中国的自行车保有量就突破了5亿辆，适龄人口自行车普及率达到80%以上！经济而便捷的自行车出行是那个年代最受欢迎、最普遍的出行方式。无论大城市还是中小城市，除重庆、贵阳等少数山地重丘城市不适合自行车使用外，大部分城市居民出行中自行车分担率大多在30%以上，而济南、杭州、郑州、福州、沈阳、成都、石家庄等相当一批省会城市的自行车出行分担率高达50%以上！绝大部分城市居民出行分担率中步行、自行车、公交占了90%以上，真正的个体机动化出行分担率均不超过10%。如此之高的自行车出行分担率可以说是世界奇观！这样的世界奇观是自20世纪70年代后期，尤其是改革开放初期10年左右时间内形成的。在此之前的20世纪六七十年代，自行车对于中国老百姓还是奢侈品，是年轻人嫁娶成婚梦想的"三转一响"中的大件高档物件之一。在改革开放后，老百姓收入水平迅速提高，自行车在中国城乡迅速普及，成为最受百姓欢迎的代步工具、通勤工具、谋生工具。当时上下班高峰，潮水般的自行车大军挤满了中国城市的大街小巷，蔚为壮观！也让来到中国访问的许多西方国家城市与交通专家惊叹不已，也羡慕不已！因为当时的欧美许多工业国家正在饱受机动化带来拥堵、污染和能源危机的困扰。他们无不反复提醒中国同行们，中国的"自行车王国"桂冠是弥足珍贵的，要珍惜、爱护这样的出行方式，尽量保持这样的绿色交通主导的出行结构。而这些忠告在当时中国，除了极少数了解熟悉城市交通发展规律的业内专家之外，大多数领导和专业人士（更不用说普通百姓）是没有体会、没有感觉的。当时中国城乡天空的蓝天白云、明月星辰对于老百姓也是司空见惯的。

20世纪80年代中国部分大城市居民出行方式结构（%）

	调查年份	公交	步行	自行车
南京	1986	19.20	33.10	44.10
广州	1984	19.17	39.17	34.02
上海	1986	35.20	36.60	24.90
成都	1987	5.82	36.06	54.55
济南	1988	6.74	23.28	63.8
杭州	1986	12.96	27.65	56.29
石家庄	1986	5.13	33.89	57.79
兰州	1984	22.57	45.01	29.30
天津	1981	10.33	42.62	44.54
长春	1984	20.68	41.66	37.03
沈阳	1985	10.07	29.03	58.65
郑州	1987	3.37	32.95	63.05
武汉	1987	23.77	37.39	35.23
福州	1993	3.45	29.32	63.22
重庆	1986	26.00	69.20	0.80
贵阳	1987	11.57	69.74	12.96
十堰	1984	25.94	60.90	10.32
大连	1984	40.04	35.74	23.56
抚顺	1987	22.1	40.42	24.5
哈尔滨	1986	32.11	39.41	28.48

"王子"的失落与冤屈

随着改革开放持续推进，中国经济持续快速增长，老百姓收入水平持续增加，中国的机动化进程随之悄然到来，而且来势凶猛，出乎意料，超乎想象。20世纪90年代中期以后，广东、上海、江苏、浙江、福建等沿海先发地区是最先经历机动化浪潮的。第一波机动化以摩托车的高增长为显著特征，紧接着是公务车的快速扩大化和私人机动车快速进入百姓家庭。城市机动车保有量持续以20%~50%的速度持续超高速增长！而与此同时，城市道路基础设施建设尽管也开始大幅度投入和推进，但是，相比机动车的爆发式增长，几乎是杯水车薪。道路交通供求矛盾日益凸现，交通拥堵日趋严重。而科学理性的交通政策、交通规划、交通工程学科建设与人才培养才刚刚开始起步。人们对城市交通问题产生的原因与症结的分析判断仅仅浮于感性和表面。一种相当普遍、相当流行的看法是将交通问题的原因归结于中国城市的混合交通问题（其实，其背后真正的原因是机动车与步行、自行车、公共交通之间对极为稀缺有限的道路时空资源和路权之争），认为欧美国家机动车如此普及，并没有我们这样机动化才刚刚起步就如此拥堵，原因在于欧美国家城市道路交通构成比较单一，没有自行车干扰。于是，许多人把造成交通拥堵的原因归罪于我国城市的自行车太多，而且不遵守规则——闯红灯抢道、随意横穿马路等，导致道路交通秩序混乱、效率低下。甚至还有人质疑自行车是否是真正的绿色交通方式，指责自行车是造成城市交通污染的祸首。昔日的"宠儿"和"王子"似乎一夜之间变成了"丑小鸭""灰太狼"。在这样的错误认知和舆论导向下，在城市道路拓宽改造过程中，自行车道不断被压缩甚至消除（与人行道共板）；次干路、支路的自行车道不断被小汽车路边停车挤占。广州市交通规划研究院调查，广州越秀和荔湾约有35%的主次干路及重要的支路没有自行车道，而有自行车道的道路中，有45%是宽度不足1米的。广州、深圳、厦门等沿海发达城市在20世纪八九十年代起自行车出行分担率曾经也达到30%以上，但经历了不到10年对自行车出行采取的上述不友好政策，自行车出行分担率均已经迅速下降到了个位数。而与此同时，他们的小汽车出行分担率却从个位数上升到了20%以上。

黑暗与战争的祸首究竟是谁？

很不幸，中国的城市交通正不可避免地进入一个当年工业国家、东南亚和南美国家城市以及我国台湾地区曾经经历过或者还在经历着的"黑暗交通年代"或"交通战争年代"。所谓"黑暗交通"，表现为交通拥堵日趋严重，呈现持续蔓延，影响城市正常运转、安全出行；交通污染日趋严重，已经影响到市民正常生活乃至生命健康。所谓"交通战争"表现在由于摩托车、小汽车等机动交通方式爆发式增长造成与传统的步行、自行车、公共交通方式之间的时空资源争夺，对交通拥堵、环境污染、能源危机等城市病、交通病症结的舆论争论和交通发展治理的路径争辩。

毫无疑问，只要稍有基本科学常识和理性思维的人，不难认清，现代城市病、交通病的根源不可能是自行车。因为自行车是一种绿色交通工具和出行方式，既不消耗化石能源，也不产生污染，时空资源消耗只有小汽车的1/12~1/15。真正的祸首和根源在于摩托车、小汽车等私人机动车过快发展和过度使用，不合理的交通政策、规划、设计、建设和管理，不文明的交通作为，等等。

中外城市交通发展的实践共同证明了著名的当斯定律的存在与正确性。单纯依赖道路建设、增加道路设施供应无法缓解城市交通拥堵。那些对自行车交通的污蔑之词是愚蠢而莫须有的。对自行车采取不适当歧视性政策和措施是错误的，非但没有起到改善交通秩序，缓解城市交通拥堵的作用，反而使交通拥堵更为加剧。即便那些城市的地铁公交投入巨大的财力承担了应有的作用，依然无法避免道路交通持续拥堵的厄运，不得已采取对小汽车限牌、限号、限行等一系列强制性措施。即使如此，这些城市的交通拥堵还在继续加剧。可以预见，如果我们继续延续对既有小汽车拥有和使用采取非理性的均等化、低成本、低费用的宽松政策，对步行、自行车和路面公交等绿色交通采取歧视性的政策，任由小汽车路权强势霸权，那么，即使花再多的钱去修路、建地铁，也无法有效缓解交通拥堵，到头来很可能有更多的城市走上强制性限牌、限号、限行的无奈之路！

自行车交通的捍卫与救赎刻不容缓

那些曾经经历了"黑暗交通"和"交通战争"年代困扰的国家与城市先后

纷纷转变观念，调整城市交通发展方向和路线：不再坚持单纯以提高机动性需求和能力为导向的传统交通规划；而转向以可持续的可移动性规划，突出公交优先，步行、自行车友好，小汽车调控的正确方向和路径上来；持续扩大轨道交通供应，复兴和改善包括有轨电车在内的路面公共交通，倡导和提升步行、自行车交通，通过经济、技术、政策等手段严格遏制和控制私人机动车交通，取得明显的成效。

2016年元月本人有幸参与了欧盟交通运输署邀请和组织的欧盟可持续交通考察团，实地考察了阿姆斯特丹、鹿特丹和布鲁塞尔等城市的交通状况。这三个城市的整体交通模式和特点还是有很大区别的。相比而言，阿姆斯特丹的交通模式和运行状态效果最值得称赞。因为阿姆斯特丹的交通模式是典型的步行、自行车加公共交通主导的绿色交通模式。阿姆斯特丹地势最平坦，路网最密集，公交体系和自行车路网体系最完备，道路空间对步行、自行车和公共交通设计最精细、最友好，路内机动车停车保留得最少，限速最早、最严格，因此市民和访客选择步行、自行车和公交出行都很方便，很普及。正因为这样，阿姆斯特丹是三个城市中交通拥堵最轻的城市。相反，布鲁塞尔城市地形起伏较大，有点像大连，骑自行车的适宜性明显不如阿姆斯特丹。除了老城区，外围地区的道路尺度明显大于阿姆斯特丹，且都体现出以机动车通行要求为导向的传统道路交通设计模式，机动性很强，自行车道明显不足，更缺少像阿姆斯特丹那样刻意为自行车创造友好的空间，降低机动交通空间的先进做法。布鲁塞尔的次干路和街巷的路内停车，甚至主干路的路内停车也是最为泛滥、最为严重的。布鲁塞尔的小汽车出行分担率高出阿姆斯特丹一倍多，自行车出行分担率不到阿姆斯特丹的三分之一。因此，布鲁塞尔的交通拥堵要比阿姆斯特丹严重得多。鹿特丹的交通模式大概介于阿姆斯特丹和布鲁塞尔两市之间。这种差异性对比对于中国城市交通发展也是非常有借鉴意义的。

我国既是拥有13亿多人口的大国，同时又是土地、能源等资源小国，又是具有数千年历史的文明古国。我国城市的人口密度、土地开发强度远高于欧美发达国家，很多特大城市的密度、强度甚至超过日本的东京、大阪等城市！

相反，我国城市道路设施资源却远远低于发达国家。因此，中国城市交通发展的根本出路在于构建公交+步行+自行车的绿色交通模式。应该对道路资源分配实行供给侧改革，将更多的财力、更多的路权分配给步行、自行车、公共交通；对步行、自行车采取更为友好的改善和管理措施；与其投数百上千亿建设数百上千千米的郊野绿道，不如回归本原，真心实意、踏踏实实地改善市区步行、自行车交通系统；同时，充分应用经济、税收、技术、政策等手段加强对小汽车拥有和使用采取有效的管控，只有这样，才能取得事半功倍的效果。这正是香港、台北、新加坡、首尔等亚洲新兴工业化城市交通治理的共同经验。只有当自行车交通重新成为中国城市居民一种自觉、安全、方便的出行方式和生活方式，才是中国这个曾经的"自行车王国"复兴之时；只有当"公交+步行+自行车"的绿色交通模式成为广大市民自觉、体面和主导的出行模式之时，也才是中国城市交通希望之时。

参考文献：

[1] 潘海啸. 中国城市自行车交通政策的演变与可持续发展 [J]. 城市规划学刊，2011，（4）：82-86.

[2] 何保红，李咏春，李雪峰. 自行车交通发展的国际经验与我国的研究状况 [J]. 国际城市规划，2015，（30）5：104-109.

[3] 朱敏周，南昌. 改善天津市自行车交通的思考和建议 [J]. 城市交通，2002，（3）：23-30.

[4] 田盟蒙. 大城市自行车交通特性分析及发展策略研究 [D]. 北京交通大学，2011.

（本文于2016年8月23日由澎湃市政厅公信号首次发布）

10 共享单车，自行车复兴之路的关键推手

1. 自行车复兴的必然大势

　　中国是世界公认的三大"自行车王国"之一。20世纪80年代末，我国的自行车保有量就突破了5亿辆，适龄人口自行车普及率达到80%以上。经济而便捷的自行车出行是那个年代最受中国城市居民欢迎、最普遍的出行方式。21世纪以来，我国经济持续快速发展，城市化和机动化的步伐高速推进，各大城市机动车保有量以20%~50%的速度持续超高速增长，道路交通拥堵加剧、交通环境恶化等问题日趋突出。由于对私家车的拥有和使用缺乏及时有效的调控和引导，城市交通规划、设计和运营管理中在很长时间内继续秉持"以车为本"的错误理念，直接导致私家车在"滥用"过程中不断侵蚀原本有效的公交、步行和自行车等交通方式的路权空间，使步行、骑行和乘行环境的不断恶化。既有众多道路交通系统大部分是建立在机动交通导向基础上，忽略自行车

交通出行空间和环境需求；即使近年来很多城市努力对机动车道进行了重分配，甚至开辟了自行车专用道、专用路，但毕竟不成体系，再加上自行车停放空间很难做到就近、分散、充分，因此难于形成完整、连续、安全、便利的自行车网络、设施和服务体系，也就无法让大多数市民主动和放心地选择自行车出行。可以说，近十年自行车出行用户的流失背后真正的原因是，由于政策、制度的缺失以及错误的发展理念引导，私家车在与步行、自行车、公共交通之间对极为稀缺有限的道路时空资源和路权争夺过程中，轻而易举地占据了上风。

值得庆幸的是，在道路拥堵、环境恶化等惨痛教训面前，政府、部门以及社会公众越来越达成共识，"以车为本、产业导向"的发展理念是一个根本性的错误，中外城市交通发展的实践共同证明了著名的当斯定律的存在与正确性：单纯依赖道路建设、增加道路设施供应无法缓解城市交通拥堵。那些对自行车交通污蔑之词是愚蠢而莫须有的。那些对自行车采取不适当歧视性政策和措施是错误的，非但没有起到改善交通秩序、缓解城市交通拥堵的作用，反而使交通拥堵更为加剧。即便那些城市的地铁公交投入巨大的财力承担了应有的作用，依然无法避免道路交通持续拥堵的厄运，不得已采取对小汽车限牌、限号、限行等一系列强制性措施。即使如此，这些城市的交通拥堵还在继续加剧。可以预见，如果我们继续延续既有对小汽车拥有和使用采取非理性的均等化、低成本、低费用的宽松政策，对步行、自行车和路面公交等绿色交通采取歧视性的政策，而任由小汽车路权强势霸权，那么，即使花再多的钱去修路、建地铁，也无法有效缓解交通拥堵，到头来很可能有更多的城市难免走到强制性限牌、限号、限行的无奈之路！

因此，纵观当前世界城市交通发展，那些曾经经历了"黑暗交通"和"交通战争"年代困扰的国家与城市先后纷纷转变观念，调整城市交通发展方向和路线：不再坚持单纯以提高机动性需求和能力为导向的传统交通规划；而转向以可持续的可移动性规划，突出公交优先、步行自行车友好、小汽车调控的正确方向和路径上来；持续扩大轨道交通供应，复兴和改善包括有轨电车在内的路面公共交通，倡导和提升步行、自行车交通，通过经济、技术、政策等手段严格遏制和控制私人机动车交通，取得明显的成效。自行车作为一个无污染、低成本、方便灵活的一个交通工具，具有不可替代的作用，是在城市中短途出行中最适宜的交通工具。我国既是13亿多人口大国，同时又是土地、能源等资源小国，又是具有数千年历史的文明古国。我国城市的人口密度、土地开发强度远高于欧美发达国家，很多特大城市的密度、强度甚至超过日本的东京、大阪等城市！而相反，我国城市道路设施资源却远远低于发达国家。

因此，中国城市交通发展的根本出路在于构建公交+步行+自行车的绿色交通模式。应该对道路资源分配实行供给侧改革，将更多的财力、更多的路权分配给步行、自行车、公共交通；对步行、自行车采取更为友好的改善和管理措施；与其投数百上千亿建设数百上千公里的郊野绿道，不如回归本原，真心实意、踏踏实实地改善市区步行、自行车交通系统；同时，充分应用经济、税收、技术、政策等手段加强对小汽车拥有和使用采取有效的管控，只有这样，才能取得事半功倍的效果。这正是香港、台北、新加坡、首尔等亚洲新兴工业化城市交通治理的共同经验。只有当自行车交通重新成为中国城市居民一种自觉、安全、方便的出行方式和生活方式，才是中国这个曾经的自行车交通"王国"复兴之时；只有当"公交+步行+自行车"的绿色交通模式成为广大市民自觉、体面和主导的出行模式，也才是中国城市交通希望之时。

2. 共享单车的发展推力

在国际自行车复兴大势下，政府、公众在治理城市交通拥堵、明确发展方向层面形成了统一共识；同时借助于互联网和共享经济的东风，共享单车的出现和兴起，逐步发展成为自行车复兴之路的关键推手。

目前，国内已有几十个城市开展了"步行与自行车交通系统"示范项目，杭州是最早开展公共自行车试点的省会城市之一。2008年3月，杭州市提出向法国巴黎学习，采取政府引导，企业运作的模式，在国内率先构建公共自行车

交通系统，并将其纳入城市公共交通体系之中。但是在公共自行车的实际运营
过程中存在诸多问题，建设成本偏高，系统可靠性存疑；借车、还车手续烦
琐；车与桩无法完美衔接，高峰期会出现"有车无桩"或"有桩无车"的现
象，需要大量人工干调度；站点规划不尽合理，难以进入小区内部，无法实现
门到门的出行需求。投资大、运营成本高，无法突破闭环促进发展，导致传统
有桩公共自行车服务没有在居民日常生活中得到广泛的应用，没能跟随智能手
机科技的发展而发展。

　　面对上述问题，在互联网和移动技术快速发展背景下，共享单车以其不可
阻挡的势头在2016年得到了快速发展，并受到多路资本的青睐，市场上的融
资案从2015年年底开始就没断过，且从2016年9月，资本对共享单车的热情更
是一路高涨，目前全国已有20多种共享单车投入市场运营。2017年1月5日杭
州骑呗科技有限公司宣布完成1亿元A轮融资，标志着短短两天时间内，共享
单车行业再从资本方拿到超15.8亿元融资，延续2016年的融资竞赛。与此同
时，各家共享单车企业不约而同地开始快速跑马圈地，抢占市场份额，而且除
了区域扩张外，共享单车在产品迭代上也不断推陈出新，区域快速扩张＋产品

快速升级这种极具互联网风格的打法几乎成为共享单车企业的默认经营战略。

　　根据对共享单车行业的分析不难得知共享单车如此受到资本追捧的原因：从政府角度来讲，城市交通拥堵和环境污染是每个城市管理者都十分头痛的问题，随着私家车的增多，城市交通拥堵和环境污染已成为常态化现象，常规限行限号等办法已经无法从根源上解决拥堵和污染问题。政府更愿意看到像摩拜、ofo等互联网企业能为城市发展贡献一份力量，所以类似互联网科技公司必然会得到政府的支持与协助。从经济学讲，无桩的共享单车可以实现真正的"点到点、门到门"且可以临时停车，定位找车，快速取还车，无需办卡，比传统有桩的公共自行车来说更有吸引力，如果计算城市拥堵成本包括基础设施损耗成本、资源耗损成本、时间成本、社会成本、身心健康成本，那么上班族选择共享单车对比私家车、公交车在经济上可以至少节约75%的拥堵成本。从社会学讲，骑行单车不仅仅是交通出行的需要，更被定义为健康的锻炼方式，大型城市中体育健身场所和设施因资源短缺导致使用成本偏高，而在工作之余，选择通过骑行共享单车来锻炼身体也是一种非常不错的方式。从技术上讲，互联网技术红利，为共享单车创新业务提供条件，由于智能手机技术红利，互联网的发展，由线上走到线下，改善人们的生活，可以提高新时代新生活的用户体验。由此可知，共享单车的出现必然会给城市的交通出行方式带来一个崭新的格局。

3. 不可回避的问题

　　在共享单车如此受到资本追捧的今天，同样也遇到了各种各样的问题，目前行业都还属于烧钱阶段，未见清晰的盈利模式，待大量资本涌入之后，势必在短期内急于寻求变现，将给平台运营方造成很大的压力。而各家单车目前定位趋同，而骑行体验上各有千秋，在市场竞争的激烈程度可想而知。另外单车出行尽管健康、低碳，但毕竟是城市交通参与方，大量的共享单车涌上街头必然对现有道路通行能力和秩序带来考验。

在资金方面，虽然多家公司已经拿到资本方的投资，且都是计时收费，各家的标准也各不相同，每小时收费在0.5元到2元不等，但是对于车辆的折旧成本和沉淀资金来说，这样的收入都会显得微不足道。因此，在单次出行收益上升幅度有限、市场规模不大等背景下，面对一段时间后车辆老化折旧的问题，盈利瓶颈将是摆在每一家平台面前不可回避的问题。

在运营过程中，需要让用户随时可以找到车辆，后台系统也需要定位车辆的位置，便于挖掘数据，而复杂的出行环境和交通路况、天气等因素都将是导致用户体验感不高的主要原因。潮汐现象明显的地区、相对封闭的地区在车辆没有达到足够的规模化之前，还是会存在找不到车或者无车可借的情况。另外，停车的规范问题，当多家共享单车同时大量出行在道路上展开竞争之时，单车停放存在的占道、违规、混乱无序等问题必然为城市管理者带来很大的管理难题。

对于产品而言，共享单车首先对乘客的个人素质进行了人性的考验。离开了固定车桩的统一停放、管理，仅仅依靠人们自觉的道德风险骤然上升，监管成本化整为零后反而更高。单车被人为破坏，如车辆被盗、恶意破坏、刮划二维码、破解密码、贴小广告、违规停车等现象，也会大大增加单车的成本。而公车私用中，如加私锁、骑进小区、搬进屋子等情况几乎无法监管，只依靠乘客的举报机制显然还是无济于事。

4. 未来发展的对策

互联网背景下快速发展的共享交通模式，其快变性往往让既有的政策法规措手不及，共享单车的问题也是其他所有共享交通模式存在的问题。共享单车出现不仅是一场交通文化与共享经济概念的输出，更是对国民人性的一次考量，在目前各家共享单车企业抢占市场份额，抢滩登陆各大城市的关键时期，政府、企业、乘客都需要从自身的角度出发，为这个交通系统的互联网新宠提供一个有保障的生存空间和可持续的发展空间，为这场自行车交通

的复兴凝心聚力。

（1）顶层制度设计，完善相关法律法规和政策保障

建立共享单车的市场准入机制，界定单车生产的基本标准和安全要求，预防交通安全隐患。包括需要采取定期车辆保养、规定报废年限等措施，特别是提供约束规范借还停放行为的技术解决方案。政府应尽快针对无桩公共自行车特点，编制公共自行车停放站点规划，制定公共自行车停放点施划标准与规则，建立共享自行车停放管理办法，规范单车停放秩序。单车违停应列入个人信用体系，对于随意停放、不遵守交通规则、肆意放大自身便利等行为，应列入个人信用体系，至少应影响其在共享单车平台的信用指数。加大共享单车偷盗行为以及偷盗产业链的打击和处罚力度。

（2）整合多级网络，鼓励并倡导发展"自行车＋公共交通"出行模式

面向打造一体化衔接的绿色交通网络，整体优化"公共交通＋自行车＋步行"交通网络，强化步行、自行车交通网络系统建设，保障步行、自行车出行的安全性、连续性、舒适性。在公共交通枢纽（地铁站、轻轨站、公共交通站等）的规划中统筹考虑自行车交通，以便利不同出行方式与自行车交通之间的换乘。在轨道公交站点3千米范围内，完善自行车通道，合理设置非机动车专用停车场地。重点面向公共交通衔接，提升公交服务覆盖，出台公共自行车规划、管理、考核办法，完善公共自行车系统建设，全面建成设施完备的公共自

行车调度体系和功能齐全的公共自行车综合服务中心。

（3）优化环境品质，建立并完善自行车专用道路系统

借助单车共享强大的资本力量，促使其参与优化自行车道、专用路的建设。完善机非分离，建立独立、连续的自行车路权空间，从空间、景观等层面完善自行车出行环境。加大对违章占用人行道、自行车道的执法力度，重点强化对侵占人行道、自行车道的路内停车清理与整改，保障人行道、自行车道的有效宽度和通行安全。优化风雨廊、绿化景观、休憩设施等的建设，提升城市步行与自行车出行的舒适性。

（本文于2017年2月27日由澎湃市政厅公信号首次发布）

11 新高铁枢纽城市：南通为什么最有条件建上海第三机场

2016年7月8日，国务院办公厅公布了《关于批准南通市城市总体规划的通知》（以下简称《通知》）。《通知》明确了"南通是长三角北翼经济中心、现代化港口城市和国家历史文化名城"，要求"进一步加强与上海、泰州等周边城市以及苏南地区的协调合作，做好区域互联互通和江海联动"，"进一步完善公路、铁路、港口、机场等交通基础设施，合理布局并预留控制好市域内过江通道，加强城市内外交通衔接，推进苏南地区交通一体化"。南通应全面理解和落实国务院批复精神，积极谋划和争取将南通规划建设为长三角北翼海陆空"三港合一"的国家区域性综合交通枢纽城市，担当起长三角北翼经济中心、现代化港口城市的使命和重任。

国家战略提升了南通综合交通枢纽的地位

实施丝绸之路经济带和21世纪海上丝绸之路倡议，依托黄金水道建设长

2016年7月9日，江苏省南
通市海安县一房地产建设
工地（东方IC图）

江经济带，是党中央、国务院把握国内外大势作出的重大战略决策。长三角是
"一带一路"与长江经济带联动的交汇地。作为长三角北翼经济中心的南通，
既是长江经济带与新海上丝绸之路的主要承载地区，也是陆上丝绸之路经济带
的重要延伸地之一。两大战略的关键区位优势，为南通在"十三五"及更长时
间的发展带来了难得的新机遇。

首先是带来了促进南通空间区位跃升的大机遇。21世纪以来通过大桥、
海港与铁路建设，南通改变了"无铁（路）、少海（港）、难（南）通"的相对
封闭状态，初步形成了长三角北翼综合交通枢纽；作为"一带一路"与长江经
济带联动的关键节点，具有江海陆交汇优势的南通，未来将面临新一轮层级更
高的交通基础设施建设：包括长江深水航道、江海组合枢纽港、沿江与沿海高
铁线路、江海直通运河、机场的大规模提升等，真正成为一个江海交汇的现代
化国际港口城市。

其次，从区域关系来看，未来南通与上海、苏南的关系将更加紧密。包括
已有的苏通大桥、崇启大桥在内，随着崇海大桥、锡通通道的规划建设，南通
对接上海、苏南地区的通道体系将更加完整。北沿江城际、沿海通道的建设，
使得南通与苏中、苏北沟通更加便利。作为江苏产业转移"承南起北"的重要
区域的南通，接受上海、苏南地区辐射的同时，也能够发挥其自身优势，引领
苏中、苏北地区的新一轮发展。

最后，上海要打造长三角世界级城市群的核心城市，成为卓越的全球城
市，并担当着国家中心城市的使命。为此，需要重大交通基础设施的强力支撑

和支持。应当在提升和完善上海既有的国际性海港、空港和国家级综合交通枢纽的基础上，联合和整合苏、浙两省沿海、沿江综合交通战略性资源，并着眼于全球和全国两个扇面的服务，构筑与长三角世界级城市群、全球城市相匹配的空港群、海港群，构筑与国家中心城市相匹配的沿海、沿江、京沪、沪昆、沪汉蓉、沪陕国家级复合交通运输走廊和综合交通枢纽。

南通地处长三角核心城市、上海都市圈的核心圈层，素有

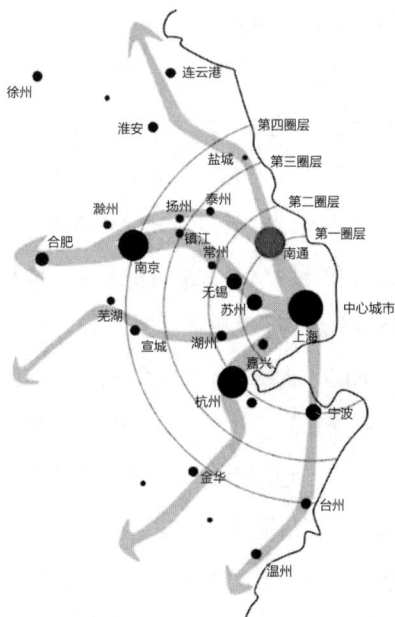

南通区位：长三角运输通道

"北上海"之称。南通港是上海国际航运中心的北翼副中心。南通兴东机场是上海都市圈核心圈层内除浦东和虹桥两大国际机场外，目前年旅客吞吐量超过100万的第三大机场。而除沪昆之外，以上海为中心的沿海、沿江、京沪（第二通道）、沪汉蓉、沪陕等5条国家级复合交通运输走廊均需要经过南通。因此，南通完全有必要也有条件着眼于百年大计，谋划和规划建设海港、空港、陆港"三港合一"的长三角北翼国家区域性综合交通枢纽，从而彻底改变长期以来南通"难通"的交通区位相对落后的命运，担负起国务院批复中明确的长三角北翼经济中心、现代化港口城市的历史使命和重任。

南通最有条件建设上海都市圈第三枢纽机场

本人有幸参加了2009年南通市城市总体规划纲要和成果论证。查阅当时的总规修订版文本，曾明确提出南通要建设上海第三机场："发挥南通区位优

势，参与上海国际航空枢纽和'长三角'运输体系的分工，拓展干线，强化支线，扩大航空货运，发展通用航空，把南通机场建成为上海第三机场，使之成为以支线航空和货运航空为主，通用航空为辅的上海国际航空枢纽重要组合机场。""南通兴东机场远景规划飞行区等级4E。远期2020年规划飞行区等级4D，延长现有跑道至3400米，可满足D类飞机全重起降、兼顾少量E类飞机使用，完善飞行区跑道、滑行道系统，改扩建助航灯光、导航、消防等配套设施。逐步开通南通到国内主要大中城市的空中航班，远期争取开通到亚洲重要大城市的国际航线，开办外贸进出口货运、旅游包机等业务。"

众所周知，纽约、伦敦、巴黎、东京等世界城市的一小时都市圈范围内，均有3个以上大型枢纽型机场。特别是大伦敦都市圈，已经有5个大型机场，还在泰晤士河口地区规划建造年旅客吞吐能力高达1.5亿人次的超级国际机场，以替代目前年吞吐量达到7500万人次的希思罗国际机场。因此，按照世界城市标准和需求衡量，上海都市圈规划建设第三个大型枢纽机场是必需的，而南通兴东机场是最有基础和需求担当此重任的。兴东机场是已经建成的，且客流高速增长，吞吐量已经突破100万人次的大型机场。资料显示，2015年8月，南通兴东机场正式成为中国一类航空开放口岸。今年1月至6月，南通兴东机场累计货邮吞吐量达到15096.8万吨，仅次于南京禄口国际机场，同比增长6.9%，增速在江苏省内排名第四。相比其他备选机场，其服务腹地大、服务人口多。按照发达国家人均一年2次航空出行的需求来算，南通自身拥有700多万人口，再加上周边城市的航空出行需求，未来南通兴东机场有可能向千万级旅客吞吐量迈进。该机场远期规划达到4E级，并预留了第二跑道，未来具备千万级旅客吞吐服务能力。与其他备选地址相比，其优势还在于与上海两大机场航路不重叠，可有效增加上海都市圈航空客货运的吞吐能力。

南通建设上海都市圈第三机场的关键和难点主要在于兴东机场和上海两个国际机场的陆路交通实现1小时之内互联互通。从现阶段来看，通过高速公路，南通兴东机场到上海浦东国际机场和上海虹桥机场的驾车时间都在1.5小时到2小时以上，无法满足1小时通达这一要求。而突破这一瓶颈的关键是靠

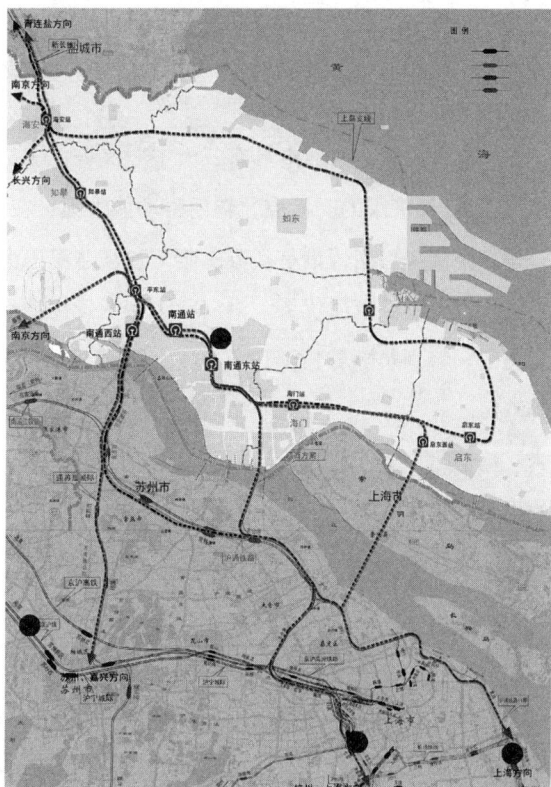

兴东机场与浦东、虹桥国际机场三大机场空铁联运通道规划意向图。

高速铁路、城际铁路实现三大机场之间的1小时空铁联运。虹桥机场已经建成的空铁联运综合枢纽，新的上海总规也已经明确浦东机场将规划建设空铁联运综合枢纽，南通兴东机场完全可以借助未来大沿海高铁和北沿江高铁，与虹桥和浦东两大国际枢纽机场实现1小时通达目标。

打造江海转运多式联运国际大港

南通港地处江苏沿江沿海港口群。未来江苏沿江港口将以资源整合、优化发展、转型升级为重点，由粗放型向集约型转变；沿海港口将加快基础设施建设，带动临港产业规模化发展；根据《江苏省沿江沿海港口布局规划》，未来江苏港口将形成南京、镇江、南通、苏州、连云港等主要港口的分层次格局，并逐渐向区域港口一体化发展转变。

从自身来看，南通港具有三大主要优势：一是区位优势。位于"一带一路"、长江经济带的交汇点，辐射带动能力强，在对接国家战略上优势明显。二是资源优势。南通港是江苏省唯一通江达海的港口，岸线资源丰富，承载力强。三是物流枢纽优势。港口在大宗散货物流运输组织系统中的地位将更为突出。特别是随着长江12.5米深水航道工程的实施，通航条件明显优于上游港口。

基于此，南通港发展定位是：我国沿海主要港口和国家综合交通运输体系的重要枢纽，长江经济带中上游地区能源、原材料江海转运的主要中转港，上海国际航运中心的重要组成部分和北翼副中心，是江苏省、南通市社会经济发展和扩大对内对外开放的重要依托，实施优江拓海、江海联动、陆海统筹战略的重要支点，南通市建设江海交汇的现代化国际港口城市的重要支撑。

要依托长江黄金水道与沿海深水大港建设，实现南通与国际层面及国土层面的货运交流，并利用干线铁路拓展港口经济腹地，在南通形成公铁水联运的整体吞吐量可达4亿吨、500万标箱的综合性国际大港。以通州湾港为核心，洋口港、吕四港为两翼，共同组成南通沿海港口体系；与上海港、太仓港联动发展，打造长江口海运金三角，服务长江经济带，辐射广大中西部。紧抓长江12.5米深水航道建设与长江经济发展带机遇，深化与长江中上游及中西部地区合作，进一步扩大航运内贸发展需求，沿江港口强化江海转运功能。强化水铁联运，利用铁路延伸港口运输腹地至长江中上游地区及中原地区等广大中西部。

重塑高铁时代的新高铁枢纽城市

作为人口众多、幅员广阔的大陆型国家，铁路运输具有得天独厚的优势。尤其随着高铁时代的到来，高速铁路、快速铁路对于国家"一带一路""长江经济带""新型城镇化"等战略的响应和支撑，对于区域和城市发展的支撑、引领和促进等强大优势和作用日益显现，已经受到国家和地方的高度重视。

　　从上海看。除了已经建成的京沪高铁、沪宁城际和沪杭城际之外，还需要前瞻性规划建设大沿海高铁、北沿江高铁、京沪高铁二通道和沪陕高铁等高铁大通道。而南通正是这几条未来国家高铁大通道必经之地，由此可以同步实现南通高铁枢纽和空港枢纽地位的大提升。

　　从江苏看。江苏地处国家大沿海、大沿江和陇海欧亚大陆桥交汇之处，京沪铁路、京沪高铁、沪宁城际、宁杭客专等国家高等级铁路干线是支撑江苏经济、产业、城镇和交通发展的脊梁和大动脉。其中沿江通道（沪宁段）在国家运输通道中，尤其是铁路运输通道中承担了非常重要的功能。它同时承担了沪汉蓉通道：西部地区、长江中游城市群进沪通道；京沪通道：京津冀及东北地区进沪通道；沪陕通道：西北地区、中原城市群进沪通道。沿江通道具体到长三角地区则分异为南沿江通道、北沿江通道、沪宁通道和长江运输通道。长江以南现有南沿江通道、沪宁通道包括沿江高速、京沪铁路、京沪高速、沪宁城际等多条运输干道，现状饱和度较高。其中京沪高速、沪宁城际等已快接近设计水平。长江以北现有包括沪陕高速、江海高速、宁启铁路等少数运输干道，现状饱和度不高，但部分点段饱和度已较高，急需新建通道。与此同时，沪宁间已很难有增加通道的可能，太湖与长江之间现状已很难再增加通道。应通过在长江以北地区增加通道，尤其是铁路通道分流长江以南的交通压力，并支撑苏中苏北地区发展。相对而言苏中沿江、苏北腹地、江苏沿海地区几乎是铁路空白地区。既有规划建设中的苏中、苏北区域铁路包括沪通铁路、徐宿淮盐铁路、淮扬镇铁路、连盐通铁路等，时速均为250千米/小时及以下、客货混行的快速铁路，缺乏350千米/小时的高速铁路，使整个江苏沿海、北沿江和苏北腹地难以与国家高铁网互联互通。在高铁时代到来之际，江苏铁路资源如此不平衡，建设标准的偏低，很可能对江苏的区域协调发展产生重大不利影响，也难以担当新形势下江苏所肩负的重大国家使命。江苏需要放眼全国，从长计议，积极推动大沿海高铁、北沿江高铁和宁淮连高铁三条具有国家战略意义的设计时速达到350千米/小时的高铁大动脉早日启动规划建设，全面提升全省高速铁路和城际铁路网总体水平。

　　从南通看。现状存在的宁启铁路与新长铁路均为普速铁路，客货兼顾，难以实现南通市与上海及苏中苏南地区的快速联系。规划建设中的沪通铁路是时速200千米/小时客货混行的快速城际铁路，且过江位置偏西，与上海地区的联系不直接（从南通市中心到达上海地区的时间约为2小时以上）。未来从沪通公铁大桥通过的（盐）通苏嘉城际也只加强了南通与苏南地区的联系，并未实现南通与上海之间的直接联系。从现有的规划建设情况来看，南通亟须引入高铁/客运专线，实现南通与上海、苏中、南京及长江中上游地区快速联系。南通需要新的铁路跨江通道满足北沿江高铁、沿海高铁的跨江需求。南通市中心城区现状仅有南通站一个铁路客运站。现状南通站为普速站，难以适应城市间快速联系需求。而规划在建的南通西站为普速与城际站，可实现南通与苏南的快速联系以及与上海地区的联系要求，但是南通西站距离城市较远，距老城中心13千米、政务中心19千米，不能充分发挥铁路的运输优势。城市东部地区，缺乏大型综合性枢纽支撑，为铁路枢纽零覆盖区域，需要铁路枢纽作为城市发展的重要依托。南通的东向发展以及拓海优江的发展需求亟须在南通中心城区东部地区规划建设新的铁路客运枢纽——南通铁路东站综合客运枢纽。

　　由此可见，南通作为南北沿海运输大通道和沿长江运输大通道上的枢纽城市，完全有必要和充分的理由成为前瞻性、高标准规划建设高铁时代的新高铁枢纽城市。

（本文于2016年7月21由澎湃新闻公信号首次发布）

12 快速路并非城市缓堵"神器"

日前中国之声报道了耗资6.5亿元的郑州陇海路中州大道立交建成开通2个月，就成了交通新堵点、城市新痛点，引起全国媒体关注、网络舆论热议、当地政府紧张。其实，郑州并非个案，关于城市快速路到底可以缓堵还是添堵，自20多年前小汽车逐步进入中国寻常百姓家庭，北上广一线城市率先开始建设城市快速路，直至今天各大城市陆续大规模建设城市快速路以来，始终没有平息过。快速路本身是一把双刃剑，做好了可以一定时期一定程度起到缓堵作用，做不好反而会增堵、添堵，甚至造成郑州这样快速路建成之日就是添堵之时的尴尬局面！

就城市快速路系统规划建设本身而言，是极为复杂的系统工程，涉及城市道路网体系整体协同性，快速路网自身合理布局、选址选线、规模标准、构造形式、能力匹配、交通设计、标志标线、出入口管理等各个环节，必须要经过审慎、严谨、系统的规划设计与科学论证，谋定而后动，才有可能真正发挥其应有功效，切忌急功近利、盲目决策。第一，应关注的是快速路网与城市整体道路网体系的系统性和建设时序的协同性。正如南京快速路网中拥堵最为严重、最为频繁的是卡子门—双桥门一线，关键原因之一在于路网体系建设的不

协同，东西两厢缺乏分流性通道，导致交通流过度集中造成的。第二，快速路网布局本身的科学性、协同性。快速路作为以机动交通为服务对象的专用道路，宜布置在城市中心区、功能组团外围，而不能穿入城市中心和功能组团内部，才能起到疏解市中心交通，保护城市商业、居住、生活等活动的作用，否则其作用必将适得其反。杭州上塘—中和高架快速路的选址失当是导致杭州西湖市中心区严重交通拥堵的关键原因，教训十分深刻。第三是快速路系统通行能力的整体协同性问题。尤其是中心城与外围新城中心区结合部的快速路节点，如果对外快速通道与中心城区内部快速通道相互之间的车道数、通行能力不能做到基本匹配，那么这样的快速路系统开通之日很可能就是拥堵之时！南京卡子门—双桥门快速路交通拥堵，关键原因之二，就是因为机场路扩容、双龙大道快速化后的车道数、通行能力大大超出了内环路东线、南线的车道数和通行能力。郑州陇海路—中州大道立交的拥堵很大程度也可能是类似原因引起的。第四，快速路立交和出入口匝道之间的车道数、交织段设计的系统性问题。从照片上可以看出，郑州陇海路—中州大道有一段地面辅路接入快速路的汇入段车道数达到了8~10车道，而交织段长度又很短，如此短的距离内如此多车道的车辆交织穿插极易引起拥堵。南京卡子门—双桥门快速路立交段也同样存在这个问题。

　　除此之外，更需要指出的是，快速路不是解决大城市交通拥堵的根本途径与手段，要破除将拥堵和治堵作为党委政府关注与处理城市交通发展重心、重点的认识偏差和行动偏差；大城市交通发展关键战略和根本出路还是坚定不移地突出公交优先；快速路作为大城市路网体系中骨架性的道路，是重要而必需的，但其主要功能目标不是用来满足通勤性的小汽车出行需要的，而是保障大城市中长距离出行的基本机动性，满足城市对外交通及功能组团之间快速机动交通联系，特别是应急保障的需要；快速路不能单单成为小汽车独享专用的载体，要为快速公交提供通道和路权。南京20多年来始终立足于城市交通发展的顶层设计、理性决策、系统规划、精细设计、有序建设、科学管理，没有把治堵、缓堵作为政府首要的或单一的目标，而是将更多的精力用于推动公交优先发展、道路网体系建设、交通综合治理，从而整体提升了城市功能和交通服务水平，优化了城市空间布局与出行结构，保证了道路交通基本畅达和平稳运行。这样的经验值得长期坚持，也可供其他城市参考借鉴。

（本文主要内容发表于2016年9月30日《中国交通报》）

13 "治霾标配"背后的希冀与反思

雾霾，一个令人谈之色变的无国界、全球性灾害正成为人类身边无情的"隐形杀手"。根据世界卫生组织（WHO）的数据，室外空气污染每年造成全球130万人死亡，即使在污染较轻的欧盟国家，PM2.5导致的人均期望寿命也减少了8.6个月。我国作为污染重灾区，雾霾已不再局限于个别城市，其范围之广、程度之深，世所罕见。由此带来的各地呼吸道疾病、癌症等恶性疾病已进入高发期，由空气污染导致的死亡人数已超过总死亡数的15%。可以说，中国的雾霾已到了"国治重举"的危机与危险关头。雾霾不仅导致了城市之殇，其更是交通之殇的产物，爆发式增长的小汽车，城市拥堵带来的尾气污染是雾霾的重要成因之一，已经引起了各界的密切关注。雾霾天"机动车限号限行+城市公交车免费"这一推拉结合手段应运而生，成为雾霾治理的新标配、新亮点。

在单纯探讨这一手段成效的同时，也需要认识到我国雾霾成因的复杂性，重视雾霾背后"高物质消耗、高污染、高碳排放"工业化道路的这一必然后果，明确当前雾霾发生时，我国经济正处于新常态下的稳步发展时期，根据发展经验，污染总量很可能继续加重。因此，对雾霾的治理，不能仅仅采用"以

其之道，还其之身"这一常规思路下的修修补补。在目标上，必须从国家发展
与人民生活的双重福祉出发，以壮士断腕的魄力、愚公移山的决心、不惜代价
的勇气，采用霹雳手段，重拳出击，真抓实干，重点督办。在思路上需要转变
观念，树立起"严重的雾霾是危机，也是建立绿色可持续发展模式的历史契
机"这一思维模式，从根本上反思现有发展道路存在的问题。从雾霾最为严重
的京津冀地区来看，北京及其周边五省市分布着全国最为密集的高耗能产业，
形成超高密度的高污染产业带。因此，雾霾治理必须顶层引导，分层实施，从
产业转型、城市转型、交通转型等多方面综合施策。在产业结构上，逐渐由重
视产量向重视产能、重视投资回报过渡。在城市发展中实现由"管理城市"向
"管理城市群"这一新资源城市经济转型。在交通模式上要从根本上转变居民
的出行习惯，促进公交优先、实现绿色出行是必由之路。

　　因此，在重雾霾灾害气候出现的情况下，实行机动车限号限行+城市公交
免费这一"新标配"，不失为一项与抗洪救灾类似的抗霾治霾的应急措施，既
有应急降霾之功效，又有示范宣传绿色出行之功效。如法国巴黎面对近10年
来最严重的雾霾天气，采用"奖惩分明"的措施，对于不按照限号限行标准行
驶的司机采用重罚，同时推出公共交通工具免费政策，对愿意进行绿色出行的
民众进行奖励。措施实施的三天内，巴黎的雾霾程度得到缓解。石家庄、兰州

等地实施这一措施后，公交出行量得到了不同程度的大幅增长。但是，也必须认识到，应急措施远非长远之计，兰州实施雾霾天公交免费后，财政需要每天补贴400万元。这一看似温暖的"公益油门"背后，隐藏着不可持续买单的担忧与无奈，折射出的仍然是我国公交优先发展背后的困境与无力。因此，从长远角度来看，雾霾天城市公交免费实际上是为城市、产业、交通的非理性发展、非科学政策失误补交学费，真正的可持续发展、公交优先与绿色出行的普及与推广仍然任重道远。

在这样的形势下，我国急需对汽车产业政策、汽车交通政策乃至综合交通政策进行全面、彻底的反思和检讨。从城市、产业与交通多角度协同发展出发，促进多模式、一体化、有尊严的全民公交目标的构建与达成；在促进汽车产业与关联产业、城市交通基础设施和环境保护协调发展的基础上，引导和鼓励发展节能环保型小排量汽车，积极开展电动汽车、车用动力电池等新型动力的研究和产业化。最终实现任何情景下公交都能成为民众的主动选择与第一选择，才是迈出交通降霾治霾以及可持续发展的第一步。

本文与赵静瑶（南京市城市与交通规划设计研究院股份有限公司综合交通规划一所，硕士）合作完成。

（本文于2017年1月19日行之道公信号首次发布）

专题访谈

1 专家：盲目发展专车只能给紧张的城市道路添堵

"约租车、顺风车、专车等发展的目的绝不是把尽可能多的私家车动员到道路上，尤其是在交通密度已很高的大城市。这一发展其实是给原本已非常紧张的城市道路添堵，最终降低的是所有市民的出行效率，也根本不可能缓解交通拥堵。"10月13日，中国城市交通规划学术委员会副主任委员、南京市城市与交通规划设计研究院院长杨涛说。

交通运输部日前对外发布了《关于深化改革进一步推进出租汽车行业健康发展的指导意见》（征求意见稿）和《网络约租汽车经营服务管理暂行办法》（征求意见稿）（以下简称《意见》和《办法》）。文件发布后立即引起社会广泛热议。

杨涛对记者说，通读《意见》和《办法》全文，结合我国当前城市交通发展特定历史时期所面临的特殊挑战、压力与使命，"我个人认为正当其时、定位准确、方向明确，具有很强针对性、指导性和操作性。"

特定背景正当其时

杨涛分析说，众所周知，我国城市交通发展正处于十分敏感与复杂的关键时期，面临着交通拥堵蔓延、事故高发、污染严重的多重挑战与巨大压力。同时，社会公众对交通出行方便性、机动性、灵活性、自主性等个性化服务要求又日益提高。

"缓解城市交通拥堵、满足大众对高质量交通服务诉求，根本出路还在于优先发展高效率、高品质的公共交通，同时辅之以安全方便的步行、自行车和出租车、约租车等多样化、个性化交通环境与服务。"杨涛说。

近年来，交通信息化、智能化，特别是互联网等新技术发展进步，助推了包括公共交通、出租车交通、小汽车交通等在内的运输组织与出行服务的改善提升。

杨涛说，约租车、专车等交通服务新业态的出现，既满足了公众对方便快捷高质量出行服务的诉求和需要，同时也引起了对传统出租车行业的冲击、对出行消费者利益与安全如何保障、从业者自身利益与安全如何保障乃至对整个交通系统影响与冲击等一系列问题的争议争论。

他认为，《意见》和《办法》征求意见稿的公布及时反映了社会各界对此的关注关切，并且以积极开放、从谏如流的姿态公开征求公众意见，寻求公众利益、公众意向和社会舆论的最大公约数。

准确定位正本清源

杨涛对记者说,《意见》明确了"出租汽车是城市综合交通运输体系的组成部分,是城市公共交通的补充,为社会公众提供个性化运输服务"。出租汽车包括巡游出租汽车和预约出租汽车,为社会公众提供高品质、多样化的运输服务,是为了"提升社会满意度"。

"我个人理解,上述意见有以下三层含义值得关注。"杨涛说,首先是明确了出租车(包括约租车在内)是一种为社会公众提供的个性化运输服务,是公共交通的补充,但不是公共交通。"第一次让出租车运输方式回归了它本质的运输功能属性,澄清了长期以来将出租车交通混为是公共交通一部分的误区。"

杨涛说,《意见》还明确了"出租汽车包括巡游出租汽车和预约出租汽车"。第一次明确将约租车归类到出租汽车范畴,这既符合约租汽车服务的基本特性,即是一种为社会公众提供的个性化运输服务,又为后续拟定出台并执行对约租汽车服务规范管理办法奠定了立论基础。

只为服务非为缓堵

近一两年,在互联网服务、互联网销售、互联网金融等联合助推下,约租车、顺风车、专车等交通服务新方式新业态迅速在各地传播发展,并受到乘用者普遍青睐欢迎。

杨涛说,约租车、顺风车、专车等发展商为了争取舆论,赢得支持,借助于合乘共享等概念和服务,向公众和媒体宣传约租车、顺风车、专车可以节约社会资源、提高运输效率,缓解交通拥堵等功效和作用。

"但事实上,除多人合乘的定制公交外,约租车、顺风车、专车等均属为社会公众提供的个性化运输服务,而非集约化运输服务。"他说,专车发展的目的绝不是把尽可能多的私家车动员到道路上,否则将给城市出行带来灾难性后果,尤其是在交通密度已很高的大城市,这一发展其实是给原本已非常紧张的城市道路添堵,最终降低的是所有市民的出行效率,也根本不可能缓解交通拥堵,如何平衡关系到每一位市民路权的落实和保障。

针对社会上对于将约租车、顺风车、专车等纳入出租车范畴以及加强相应管理的争议,杨涛表示,世界上没有绝对的自由,没有规则的"自由"一定是没有前途和出路的假自由。《意见》和《办法》所作出的这些规范性规定和要求是出于对广大乘客及服务者各自利益、生命安全的依法保护与保障,是为了保证运输服务市场的健康有序发展,是完全必要的。

杨涛说,这些规定完全符合出租车、约租车运输服务功能属性定位和市场经济条件下的市场定价原则和公平竞争原则,同时兼顾了政府指导的作用。

网络约租车刚刚推出时,一些网络营运商不惜投入巨资,采取非常规的双向优惠和补贴的方式,来迅速吸引乘客和参与服务的驾驶员,同时与对手展开激烈争夺,让很多乘客和参与服务的驾驶员形成一种享受免费午餐和意外获利的错觉。

杨涛认为,这样的运营模式和竞争方式,违反了市场经济基本规律和规则,是一种不健康、不可持续的模式和方式。《意见》和《办法》发布,有利于对出租车、约租车运输服务市场的及时规范,有利于对不健康、不可持续的模式和方式的及时纠正,也有利于对城市交通整体健康有序可持续发展的引导。

（本文发表于2015年10月13日新华网第一财经网）

2 访谈|合理布局，构建高效、综合、完善的公共交通体系

　　2016年10月21号，南京市城市与交通规划设计研究院杨涛董事长、南京林业大学汽车与交通工程学院马健霄院长、南京市政协副秘书长、民建南京市委副主委陈定荣受邀参加龙虎网节目访谈，分别就"合理布局，构建高效、综合、完善的公共交通体系"主题与主持人及网友进行了对话交流。

　　主持人：

　　现场的各位嘉宾、网络上的各位网友，大家好！欢迎收看由南京市政协《参政议政堂》和龙虎网《民声有约》联合举办的"南京市政协委员走进网络直播间"系列访谈节目，本期访谈的主题是"合理布局，构建高效、综合、完善的公共交通体系"。我是龙虎网主持人王丽。

　　公共交通是一个城市最重要的基础设施之一，随着我市社会经济的快速发展，交通拥堵、出行不便等问题急需解决。本月初，地铁4号线"阿紫"开始全程试跑三个月，为开通作热身准备，10号线二期、9号线一期、2号线西延

工程、3号线三期4条地铁，日前也进行了第一次环评公示，随着一系列好消息的发布，显示了我们南京市地铁骨架网正在不断加快推进之中，公共交通体系将日益完善。在新时期下公共交通又该如何适应南京"特大城市"的发展定位呢？日益拥堵的交通状况又怎样能明显改善？今天我们邀请到了三位嘉宾走进我们访谈。

三位嘉宾将围绕"合理布局构建高效、综合、完善的公共交通体系"这一主题，与网友面对面交流，共同探讨城市公共交通建设发展中的一系列问题。

近日，市委市政府出台《关于进一步加强城市规划建设管理工作的实施意见》，提到南京的定位为特大城市，其中明确河西为现代化、国际性城市新中心、南部新城将大力开发、江北新区要建成新南京发展龙头，作为这些重点建设板块，我们的公共交通将如何跟上建设步伐？请杨院长跟大家作一个解答。

杨涛（南京市城市与交通规划设计研究院董事长）：

大家好，南京是我国东部地区重要的中心城市，也是有着2500年历史的文化古城，又是江苏省的省会。早在20世纪90年代初城市总体规划和2000年左右的综合交通规划中，就非常明确提出，南京这个城市必须要充分贯彻公交优先，用公共交通来引导城市发展。2007年在全国发布了第一份交通发展白皮书，把公交优先发展作为南京城市交通发展的核心战略。在2010年总规划修编的时候，我们非常明确地提出了，南京要构建枢纽都市、公交都市、畅达都市三大目标。2012年，国家大部制改革，交通运输部统管城市和城乡公交，提出了要创建全国公交都市示范城市。南京在这之前已经明确了把创建公交都市作为我们全市的主要目标之一，所以我们也毫无疑义成为首批国家创建公交都市示范城市。我们为什么要创建公交都市、推行公交优先？因为南京这个城市有着非常丰富的历史资源，又是要构建一个千万级的特大型城市，而且要担当起国家中心城市的职能。所以毫无疑问，我们一定要以公共交通为主导来引导城市的建设和发展，我们这几年城市建设发展中也充分贯彻了这样一个战略指导思想。我们地铁网远景规划有25条线，700~800千米的地铁里程，现在还在修编。在实施推进过程中，南京是在全国省会城市里面率先启动地铁建设

的。到现在为止，我们已经开通了6条线，有225千米的线路里程，承担了260万左右的客流，在全国处在第四、第五名的程度。同时轨道交通的建设，拉动了我们的仙林新区、东山新城和江北新区的发展。"十三五"期间还会有11条线路同时在建设，这个力度在全世界来讲也是非常空前的。到"十三五"末，我们可以达到将近500千米的地铁，进入世界先进行列，这对于我们南京几大板块的新区发展，对我们南京城市与交通格局，对我们老百姓的生活，都会提供极大的支持和便利，谢谢。

主持人：

好的，刚才杨院长为我们介绍了目前南京公共交通的情况以及未来发展的情况。轨道交通为骨干、地面公交为主体、公共自行车和轮渡为延伸、出租汽车为个性化补充是我市的公共交通体系的构建特色，多样的出行形式满足了不同人群的出行需求，但也带来了一定的难题，比如如何做好以上不同交通工具之间的相互换乘衔接，目前江宁、河西、城东等地区就缺乏大的交通枢纽，这样的问题在以后将如何来完善？

马健霄（南京林业大学汽车与交通工程学院院长）：

各位网友好，针对南京提出的公交发展理念，确实是在全国各地都在追踪。南京近几年也是按照这个方向来做的，公共交通的规划以及实施，特别是我们在公交都市建设上面，围绕着不同层次的公交建设，以及无缝换乘上面也做了很多的工作。但是这个里面，刚刚我们的主持人提到的，满足不同人群的出行需求，实际上只是代表了一个总体的不同层次出行需求，并不是代表单个的。我觉得在实施过程中，可能是要从以下几点来加以建设：首先就是我们在规划建设上面，要打造不同层次的公交衔接枢纽，涉及枢纽规划选址的问题。其次，当枢纽选址落地之后，枢纽内部如何进行合理的客流组织。比如，你说的利用公共自行车，那么其科学的线路是什么？另外，还有一些不同的换乘方式，在枢纽内怎么衔接？不同公共交通方式之间，地铁与地面公交之间，还有出租车，还有是不是能够吸引私家车，等等。它们之间在内部的换乘上面，首先要做好合理科学的组织。其中最重要的就是指引信息，也就是让乘客在换乘过程中，能够尽快看到要换乘所使用的公共交通方式、线路、站台、路径等具体的信息。另外，还有不同管理部门，特别是我们国内特有的管理体制。我们的地铁，还有地面公交，因为归属不一样，所以在管理体制上要协调统一。刚才提到江宁、河西和城东等地区缺乏大型的交通枢纽，我们在南京的轨道交通线网规划上，也在作这方面的努力。目前总的枢纽用地大约缺了2.46万亩地（1亩≈666.67平方米）。有地才能建大型枢纽，特别是在三个新城地区，无论是新城还是副中心，现在做的一些换乘是有的，但是是比较零散的，这种大的枢纽打造，以地铁为骨架的枢纽规划和建设是至少需要5到6年的时间，现在正在着手做这一块。解决这个问题，首先是要预留好地，有了地就可以作一些科学的规划和交通组织，真正实现无缝换乘。

主持人：

我们也是希望尽快能够有这样便捷大型的交通枢纽的出现，我想这样更多的私家车主会选择公共交通出行，这样城市拥堵也会减轻一些。南京是一座"山水城林"的特色城市，人文历史丰富，我们的公共交通，如何在建设发展中既能完成发展任务，又能保护好这座城市的文化特色？请陈秘书长解答一下。

陈定荣（南京市政协副秘书长）：

好的，城市要发展，交通是骨架、是支撑，历史是底蕴、是基础。如何处理好这三者的关系，我用八个字来概括、统筹、协调、和谐、共生。用这样的理念来保护历史文化，同时发展城市，构建交通，更好地处理好历史文化与交通发展的关系。就具体的交通发展的情况来说，我可以举几个例子。在交通发展过程中遇到了历史文化遗迹遗址，就可以通过用轨道交通地下穿行的方式解决；在道路的边沿或者在原有道路规划的网架线上，通过做辅道的形式，一来保持历史文化的遗址，同时也解决交通的问题，等等。总的来说，通过技术的形式，优化方案的形式，来解决这样的问题，处理好既保护历史文化，又能解决交通发展的关系。谢谢。

杨涛（南京市城市与交通规划设计研究院董事长）：

我补充几点，首先从战略层面上来看，我一开始就讲了，南京是有着2500多年历史的文化古城，公交优先是对我们南京这座历史文化名城保护最大的保护，因为只有更多的利用高效率的公共交通方式，我们才能减轻地面交通的压力，才能减轻对道路网扩容、拓展、疏解的需求，也才能进一步改善我们的空气质量和生活环境，这是第一点。第二点，在我们公交建设、地铁建设的过程当中，包括我们道路工程建设当中，也会涉及一些历史文化名城和文物古迹保护的问题，刚才我们陈委员已经讲到了，在这个处理方面，我们一方面是要很好地保护好我们的历史文化资源，同时我们从技术层面上还要采取更好的一些精细化的设计，能够保证公交本身的便利性，这两者要协调好，兼顾好。第三，当然还有很多细节的方面，在公交的改善方面，比方说我们在城南的一些文化风景旅游地区，怎么组织好我们的公交线路，组织好我们的公交站点，组织好我们的换乘，也都是这方面需要做的工作。

主持人：

用您的话说就是大力发展公共交通，其实也是最大限度地来保护我们现有的历史文化名城的特色。2016年一季度，60个中国主要城市拥堵榜单显示，南京市在全国的拥堵名次已退至第29位，成绩来之不易。尽管这样，长江大桥、应天高架、新庄立交等路段目前仍然是我们这座城市有名的堵点，尤其是上下班高峰期间。我们想知道形成这些堵点的原因是什么？是否能通过加强对公共交通的管理及提高运营能力来解决这些问题？

杨涛（南京市城市与交通规划设计研究院董事长）：

这个问题很好，是带有世界普遍意义的，也是我们中国大城市共同面临的一个问题。南京为什么同样在城市发展、经济发展、交通发展的过程当中，交通状况保持得基本良好，而且拥堵指数在不断下降，这是一个非常复杂的系统工程。我们在战略和战术两个层面上，应该说解决交通问题都采取了一些正确的方针政策，才能够取得这样的效果。具体来讲，我们刚才说了公交优先是缓解城市拥堵的根本性的手段。我们从20世纪80年代开始就明确地提出来，我们要建地铁，要通过这样的一个大容量的公共交通方式来缓解地面交通的压力。同时，我们持续地改善了我们的轨道交通、路面公交、枢纽体系、接驳换乘，甚至有很多的支线公交。老百姓能够最大程度上减轻对小汽车的依赖。我们的道路网及其建设也是一门科学。比如快速路网，实际上快速路是解决中长距离出行的，如果说快速路我们选址不好，引导不好的话，有可能不是缓堵而是添堵。这一点上南京还是采取了比较好的策略，就是把快速路建在老城中心区的外围，没有把快速路直接引入中心区。这一点避免了国内很多城市在快速路选址上面的失误。同时，我们还要走出误区，快速路不是用来解决大量的市民通勤性的机动车出行，任何一个城市都做不到。现在在公共交通不完善、不发达的情况之下我们出现了一些拥堵的话也是属于正常情况。而解决途径无非也是两个方面，一方面我们还是希望我们的公共交通发展得更好、更快，另一方面，我们的路网体系建设还要强调它的系统性、完整性。比如刚才提到的卡子门地区要从根本上解决，我们还是靠地铁、靠公交，依托更多的老百姓选择这样的交通方式来解决。在路网体系上面，我们不要老在卡子门地区作文章，而是要在路网上寻求解决方案，比如在卡子门东边寻找新的通道，卡子门西边寻找新的通道，只有在路网上面进行系统的分流解决。当然还有地面交通的组织，这样我们就能够比较好地解决这个问题。还有，比如我们交通政策上面的，对小汽车燃油税、停车费，包括现在热议的网约车的发展，还是需要比较慎重地去对待这些问题，而不是一味地去迎合出行者对个体机动出行的方便。任何一个城市做得不好的话拥堵也是难免的。

主持人：

刚才杨院长非常客观地分析了为什么南京这些堵点经常容易堵的原因。

其实我们交通部门已经在作相应的规划和方案的调整，包括刚才说到的卡子门地区，我想在未来的3到5年之内，这个拥堵的情况也会有所缓解。在新的一轮发展中，南京将提升东山、仙林、溧水、高淳等副城城市功能，让城市布局更加优化，而其中交通将是非常关键的一项配置，但是我们也发现，比如目前的江宁、仙林等地与主城的公共交通对接中，客流的潮汐现象非常明显，早晚高峰时车辆配置无法满足客流需求，平峰时则车辆空车率较高，那我们的公共交通发展过程中能否做到针对实时客流来机动性地安排车辆，以缓解交通压力？

马健霄（南京林业大学汽车与交通工程学院院长）：

刚才杨院长说得很全面，包括了这方面的内容。我们的现状，主要是两个方面，一个是针对这条路来说，是供需之间失去平衡的问题。另外一个，我们为什么会出现潮汐式现象呢？主要是我们用地性质的分布问题，杨院长也提到了。还有一个是快速路选址的问题。如果针对实时避免交通拥堵，可以引导机动车辆（私家车主）动态调整他们的出行时间，这么做的话，短时间的确可以缓解一些问题。从长时间来讲，还是要实时地来调整快速路网路权分配，让公共交通在上面行驶，提高公共交通的服务水平，这样才能吸引更多的人去乘坐公共交通，这样会实现在堵点上面减少交通需求量，减弱拥堵的压力，也就是使交通供和需趋于平衡。

杨涛（南京市城市与交通规划设计研究院董事长）：

城市发展和交通发展都是一个动态的过程。我们南京这个城市，山水城林为一体，有大山大水，所以南京是一个分散组团式的城市。在外围新区新城建设过程中，一方面城市功能是成长的过程，另一方面我们交通廊道相对比较集中。所以你刚才提的这个问题正是反映了我们这个城市的空间形态、建设的时序，包括功能配置方面的问题。我们客观地来认识的话，这种问题在发展过程中带有普遍性，很难避免。在城市规划和交通建设、交通管理几个层面上都要去想办法来事前预先预判到这样一种结果。比如在城市规划布局上我们强调要多功能的综合配置，建设过程中，也要同步建设一些外围新区的文化、医疗、产业、居住，使长距离的出行减少到最低的程度，让老百姓能够就近完成他们的工作、生活、休闲、娱乐，这是一面。其次，这样一些放射性的廊道上面，由于客流比较集中，所以还是要更多地依赖于大运量的轨道交通来解决。这几年我们的地铁1号线南延、2号线东延、4号线以后的5号线等，这些放射性的轨道交通对解决新区的公共交通出行是根本性的。第三，新区外围的换乘系统，包括公共自行车、出租车、停车换乘系统也要做好。还有管理这个层面上，我们怎么样做好我们的公交车辆配置，公交资源的灵活调度，信息化这一块也有很多文章可以作，通过这样动态智能化的调度，信息化，能够改善这样一些外围地区的潮汐交通现象。

主持人：

谢谢两位嘉宾的分享。"互联网+"目前已经融入我们的公共交通系统中，比如通过APP、微信等平台实时查看公交线路、站次等，那随着技术的发展，"互联网+"在交通发展中能否更加深入？

陈定荣（南京市政协副秘书长）：

好的，App、微信这些平台一是家喻户晓，第二是人人会用。作为公交与市民生活、游客生活密切相关的城市工程，或者一个系统，也需要通过这种新的和时代接轨的形式来解决这样的问题。南京，据我了解，在公共交通方面已经有两个App的形式了，不知道是不是很全，一个是叫"南京掌上公交"，主要是针对地面公交车辆的App，另外还有一个"地铁通"，这两个已经上线运行了，我本人就用了，还不错。是不是还有更大的空间能够把南京这样的App公交系统做得更好，我还有两个建议，公交交通体系当中最后一千米的公共自行车，我个人也是觉得可以借助App信息，让市民知道这个布点是怎样布的，以及车辆的保有量，某个点还有多少车辆在哪儿，这样就可以使市民使用起来更方便，这是一个建议。第二个建议，我记得去北京出差的时候，我用过一个App叫"彩虹公交"，把地面公交和地铁公交结合在一起，南京可以综合架构这样一个App，使轨道交通和地面公交以及自行车等其他类似的交通方式综合在一块来建。信息化时代到来，App应用有三个阶段，第一是数字化，第二是信息化，第三是智能化。智能化是一个漫长的过程，首先我们要有一个数字化的基础，对不同种类的公交系统，通过信息化架构的建设，同时达到智能化的管理，这应该是我们未来努力的一个方向。从目前我了解的南京这两个App的情况来说，我个人觉得还有一些内容要补充。比如江宁的公交、浦口的公交也可以继续延伸，在内容上可以继续扩展，在地域上可以延伸，同时在系统上可以进行综合，这是我未来努力的方向，也是可以作很多文章的方面，谢谢。

杨涛（南京市城市与交通规划设计研究院董事长）：

我也想补充一点，刚才陈委员说得很好。手机App的应用，将这样一种高科技应用到解决我们老百姓公交出行的信息化、便利性方面是有很多文章可以作的，他刚才讲得比较全面。我还想讲一点，实际上互联网到来以后，我一直在倡导互联网跟公共交通的结合，我们最近热议的就是互联网+网约车，现在很受老百姓的欢迎，但是事实上对于南京这样的大城市，我们道路资源、空间资源、环境容量都是非常有限的。网约车毕竟还是一种相对个性化的高端的出行服务，我们更多地应该把互联网跟公共交通结合起来。所以我们南京前几年已经在尝试推出定制公交，取得了比较好的效果。事实上如果说互联网+公交能够广泛推广的话，可以彻底地改变我们传统公共交通的组织模式、运营模式、服务模式，有很大的空间可以利用，无论是我们的地铁、普通公交、还是特色公交方面，都可以去作文章。据我了解，我们公交公司和高德和滴滴都在商讨，利用互联网技术改进我们的公共交通的组织。我还想补充一点，刚才陈委员已经提到了App里面本身内容的扩充，我们应该不仅仅是盯着公交自身的线路信息、调度信息，我们更多地要按照人的出行，不同人群、不同时段、不同出行目的，他的消费需求、他的时间信息、他的目的地信息，这些信息其实都是需要的。简单举个例子，比如说我们王丽（现场记者）要去买一个化妆品也好，买一件衣服也好，如果在公交App里面，及时反映出你买的化妆品和衣服在南京哪几个点是最好、最便宜的，乘地铁是哪一条线，乘公交是哪一条线，你就可以很容易地利用信息在最短时间内完成你的出行，作出最佳选择完成你的出行目的。

主持人：

两位专家分享得特别好，特别是刚才杨院长讲的我听了确实很感兴趣，如果有这样的一个互联网的产品存在的话，我想我去新街口，一定会选择这样的出行方式，不会考虑说自己开车。包括您刚才提到的网约车，也出台了新的条例。网约车确实是这两年突然兴起的个性化定制的产品，在方便大家出行的同时，我觉得也是带来了一定的安全隐患。如果说公共交通能够和我们的老百姓越来越密切的接触，我想大家依然会愿意选择这样的出行方式。交通出行问题与我们市民生活息息相关，今天龙虎网网友们也积极参与我们的讨论，有位叫"晨曦"的网友留言说：我每天乘坐304公交上下班，这也是一趟有名的老人专列，我建议能否在该条线路上同时开通"老人专列"及"普通公交"两种，老年卡仅在老人专列上享受优惠，这样既能解决普通人的乘车难题，又能满足老年人出行需求，也能缓解乘客之间的矛盾。

马健霄（南京林业大学汽车与交通工程学院院长）：

这位网友提的比较实际。目前实施起来还是有一定难度的，因为这个是属于公共交通出行和服务，或者是整个服务出行提高的第二个层面。如果刚性的需求已经满足了，我们是可以考虑这个，比如说实现这个问题，可能不是一个人甚至是规划和管理能决定的。现在我们是否能这样，把老年人出行和正常上下班出行时间错开，这样老年人就不会在高峰期出行，一旦这个实现了之后，可以针对老年人，在公共交通的设计上面甚至是速度上面有所动作，上下班的主要是追求速度，老年人还要考虑到安全性，就是属于第二个层面，这一块是可以做，但是不可能马上实施，因为我们刚性的需求现在还没有完全满足。

杨涛（南京市城市与交通规划设计研究院董事长）：

304路就是我们家门口的线路，这条线路非常特殊。这次政协调研报告里面提出了一个很重要的概念叫全民公交，事实上我们特大型城市，一千多万的人口里面有中年人，有老年人，也有青少年，他们有不同的诉求，而且居住在不同的地方，他们有不同的出行特征，公交的多样化服务是一个非常大的话题，也是我们值得追求的。304路，第一它是一条支线公交，第二，它确实是一条带有旅游休闲性的公交，起点就是从鸡鸣寺出发，沿着成贤街，上面休闲的小餐饮，包括太平南路，太平南路是传统的商业街，经过夫子庙到老城南，这一条线上面，其实真正通勤性的可能还不算是最多的，老年人的出行、中小学生的出行反而是比较多的，我其实坐过好几次。这一条线上面，第一是不是需要开行老年人专列，可以作一些调研；第二，至少我可以说在304路上面配置一些老年人的专座是可以考虑的。如果推广到我们全市范围内来看，我觉得公交的多元化、多模式其实是我们需要做的。比如说我一直倡导的旅游公交还需要去推广，我们的中小学校，城区的中小学巴士线路，是不是我们也可以推出。现在我们的中小学门前的交通拥堵、交通安全是一个城市的又一个痛点，如果说能够有这样的一些公交线路推出也是很好的。我们的医院巴士、楼巴、超巴，提出了一个公交多元化服务的诉求和发展方向，谢谢。

主持人：

感谢两位专家的分享以及解答。接下来我们再来挑选一个网友的提问。网友"东南西北"说：现在地铁附近公共自行车用起来很方便，但是还有很多地铁口并没有自行车，以后是不是应该每个点都设立自行车，或者还可以增加电动车、自行车点，现场就可以自助充值、办卡等。

陈定荣（南京市政协副秘书长）：

这个网友的提问，我觉得很有普遍性，应该说大量的市民所想到的问题都差不多，反映了一个普通网民，或者一个市民实际需求当中矛盾的问题。在回答这个问题之前我先说一些数字，说明我们最近几年发展公共自行车的数量，从相关的资料上了解到，今年交通行政主管部门，整个在南京市又新增了1.45万辆公共自行车，多布置了380个点，到年底为止，全南京市总共就有5.5万辆的公共自行车，服务站点达到8800多个。南京公共自行车数量在不断地增加，服务网点的布局也在不断地完善，任何事情的发展总有这样一个方面，有一个近期、中期、远期的目标，是一个循序渐进的过程，这是一个发展的过程。另外就是从目前的情况来看，我觉得布局过程当中也要结合交通流量的大小，还有就是公共交通节点的多少来逐步布置。比如有的体育场馆、旅游场馆、商业场馆可能会设置的多一点，多条线交织的点可能也会多一点。另外公共自行车更多的是解决一千米的问题，假如说我把这个始末一千米的问题解决之后不可能每一千米都要布一个点。公共自行车既要看需求，也要看地区建设的可能，因为毕竟建设和布局也会对步行的人流产生一定的影响，肯定要综合来看，不一定非要说每个站点都布局，但是我们也期待着将来既能是布局合理，又能用起来方便，这是我们追求的目标，谢谢。

主持人：

确实，就像您说的。公共自行车是解决最后一千米的问题，我们的老百姓可能每个人的想法都不一样，恨不得出了家门就有公共自行车，但是确实不太可能。公共自行车可能更多地起到的是一个衔接的作用。加快公共交通的发展也离不开道路的支持，目前我市设置了多条公交专用道，但是仍然无法满足公交系统的运行，而且经常会出现非公交车占道等情况，这样的问题后面将如何加强管理？

杨涛（南京市城市与交通规划设计研究院董事长）：

我想补充一下关于公共自行车的话题，现在老百姓对公交的接驳反映得比较多的，公共自行车推行以后老百姓是非常欢迎的，现在公共自行车也有很多老百姓不满足，布点不足，说是解决"最后一公里"，其实很难做到解决"最后一公里"。这个层面上我们还有解决的空间，透露一下，我们积极在研究公共自行车能够相对自主式地发展。我们希望不仅仅是解决"最后一公里"，而是要还原自行车作为一个完整的出行方式这样一种手段，来给市民提供公共的服务，我们正在做这方面的工作，我们能够在短期内推行的话，我相信南京老百姓还会更欢迎。谈到公交专用道的问题，从战略层面上，我们城市交通发展到今天，我们要转变一个思路，交通拥堵的治理，不仅仅是靠投钱、靠建设，我们更多地还要考虑供给侧改革，资源合理利用的问题。在有限道路资源下面，我们应该把更多的道路空间还原给市民的出行，特别是公共交通、步行、自行车交通。公交专用道的发展应该进一步加大力度，我们主次干道有条件应该应设尽设，无论从中国香港，还是欧洲、日本，大部分的主次干路空间，主要的路权是给公交用的，给步行用的，给自行车用的。所以我们在公交专用道这一块上面，很多工作还需要加大力度，使得公交专用道网络化程度提高，公交专用道路权要加大保障，加大处罚力度，通过技术和经济的手段，最大规模地减少对公交专用道的侵占。

主持人：

提高公共交通的使用率，完善公共交通的体系建设将有效缓解城市拥堵，那我们又该通过哪些途径来鼓励大家多使用公共交通呢？

马健霄（南京林业大学汽车与交通工程学院院长）：

如何提高公共交通的使用率，有几个层面。首先不是说提高使用率，而是有一个市民关注的问题方便不方便，就是服务水平的问题，我们乘坐公交的人关心的是准点准时，恰恰是由于这种不能够实现，所以就使它的服务效率和服务水平下降，这样就会有很多人摒弃公共交通。我们应该做到刚才杨院长提到的公交专用车道，真正实现它的优先，恰恰是在节点上面。我们最难解决的就是在节点上，假如把这个问题解决了，实际说私家车占用，或者社会车辆占用公交专用车道的问题是管理上的问题。一个就是准点准时，另外还有就是整个的覆盖网络，就是密度的情况。假如说我乘坐公共交通，怎么样才能吸引我呢，步行到乘坐公共交通的地方的距离的问题，最理想是在300米范围之内。现在南京在打造这一块，这是出行的一小段的时间。还有一个我们提倡大的地铁真正成网，我们目前规划的是25条线，25条线建成之后，可能是会吸引更多的人去乘坐。地铁为什么能够吸引人呢？就是准点

准时。当然大家关心的票价，南京现在正在准备调整，假如说换乘之间有优惠，这也是吸引更多的乘客去使用它。另外一个，我们公共交通，提高它的使用效率，不同的公共交通相互之间换乘的便捷性上面，又回到我们前面公共交通换乘一体化，无缝换乘。还有一个在规划布点，甚至是某一个站点，特别是换乘枢纽站点广场上的一些设施布局，实际这个也很关键。我如果是骑自行车到这里来，要放到广场一头，穿过广场才能进入这个车站，这种情况是不合理的，这是一个布局的问题，当然还有其他的一些，老百姓说最好提供免费公交，有的城市是的，在某一个区域是可以实现的，这样会大大提高使用效率。

陈定荣（南京市政协副秘书长）：

各位网友，我相信在南京城市总体规划和交通规划篇章里面，已经确定的城市公共交通发展的目标，正如我们今天的主题，合理布局，构建高效、综合、完善的公共交通体系，应该说目标已经确定，蓝图已经绘就，通过建设的不断推进，通过市民意识不断增强，通过社会方方面面的努力，南京的公共交通体系会越来越完善，出行方面会越来越好，我们期待着明天更好的公共交通对我们市民的帮助！

杨涛（南京市城市与交通规划设计研究院董事长）：

刚才主持人问的问题，是我们今天的话题中最聚焦的问题。要回答这个问题，用美国的公共交通评价体系来讲有60多项评价指标体系，每年也对每个城市，每条线路进行跟踪。我们在南京公交都市建设方案里面也有这样的谋划和计划，我们要逐步建立一套公共交通完整的评价指标体系和评价的机制，我们有乘客委员会，每年每个季度甚至于动态的每条线路，都能够有一个实时的公交服务质量的评价指标体系。刚才说到每一个具体公交乘客关心公交的便捷度。60几个指标体系嫌多，至少可以归纳到5个方面10多个指标体系。第一个是快捷性，我们要建立多层次的公交体系，比如我们远程的30千米、40千米以外的，就要有快速的轨道交通，要有120~160千米/小时以上时速的轨道交通。比如从高淳溧水到南京，我们希望在40分钟左右能够到达，从机场到新街口也希望能够在40分钟左右到达。如果说我们靠常规的地面交通，靠常规的地铁根本无法实现，就需要我们在轨道的网络里面建立快速轨道交通。同时地面公交里面，比如在10千米以上的公交线路，我们就要快线公交，而不是用站站停的，第一个是快捷性层面，体现了公共交通网络体系的层次性、多元化。第二个是方便性，体现在公交线网的密度，公交站点的覆盖率，公交调度车辆投放候车时间，换乘次数，这些方面整体上面牵扯到公交、地铁的网络设计、线路设计。第三个是准点率和可靠性。车辆投放、运营调度、路权保障、信息化服务，都是需要做的事情。第四是舒适性。首先车内不能太拥挤。其次，车辆应保持整洁，再有是空调，还有对老年人的关怀，对残疾人的关怀，对生病病人的关怀，这些细枝末节的关怀，文化的关怀，这些东西都影响到公交舒适性。第五个是经济性。让普通的老百姓都能乘得起公交，愿意乘公交，尤其是一些中低收入人群，困难人群，以及我们换乘优惠这个层面上，让多乘公交的人群，能够享受到经济优惠型公交。这五个方面都能够做到满意的服务，我们南京的公交才是老百姓真正愿意坐的、可信赖的、又体面又舒适的公交，谢谢。

主持人：

好，谢谢三位嘉宾的分享。我们也希望在各级部门的努力下，合理布局，构建高效综合完善的公交交通体系，让我们的老百姓能够享受到公共交通带来的生活上的便利，再次感谢三位嘉宾今天和我们的交流互动，为我们这座城市的交通建设与发展建言献策，同时也提出了很多宝贵的意见和建议。再次感谢各位的到来，本期访谈到这里就要跟大家说再见了，下期节目再见！

（本文发表于2016年10月20日龙虎网政协访谈直播）

3 坚持公交优先、以人为本和精细设计，进一步提升南京城市交通枢纽功能与环境品质

——杨涛院长在南京市第十五届人代会第五次大会期间接受南京日报融媒体专访纪要

主持人：最近几年南京机动车的保有量很高，而且增速很快，但是最近几年的交通拥堵指数反而在大幅下降，您怎么看这个现象。

南京公交的高分担率是交通拥堵指数下降的原因

杨涛：如果从交通自身的角度来讲，机动化还处在一个快速增长的时期，南京每年将近有20万的增量，但是城市道路交通资源的增量已经基本接近枯竭，所以我们面临的压力是很大的。在这种供求矛盾背景下，重点还是要提高公共交通的供给能力。在这一政策南京认识得比较早，执行得也比较早。在全国同类城市中轨道交通建设的推进是领先的。最新排行榜的数据显

示南京在建的轨道线网规模处在全国第三的位置。老百姓也是切实享受到了这200多千米轨道交通带来的出行的便利性。每天差不多有二百六七十万的客流是通过轨道交通解决的。这几年政府对路面公共交通建设和投入力度也比较大，工作也做得很细致，比如对公交线网调整、枢纽衔接、公共自行车的配套、票制票价的调整等等。这些方面都做了很多的工作。所以南京公交服务老百姓也是比较满意的，满意度也是在全国领先的。地面公交也承担了200多万的客流，与轨道交通客流加起来每天就有500多万公交客流。在南京这样一个600多万城市人口的城市，有60%以上的机动化出行是通过公共交通解决的。这就使得地面交通压力得到明显改善，这才是交通拥堵指数下降的最主要原因。

城市交通与生态环境保护息息相关

但是如果谈到生态环境保护这个话题，那我认为跟交通也有极大的关系。我在人代会上审议政府工作报告中也提到了，我们为老百姓做实事，一方面，政府要加强供给侧结构性改革：要从公共交通优先，从步行、自行车的改善方面做更多的工作。另一方面，也要引导市民理性出行、绿色出行。那么，这个就跟我们城市的管理、政策调控都有很大的关联性。比如现在道路资源的配置上更多的是考虑小汽车的停放和行车的方便性，也下了很大的工夫，但是实际上在这种机动车爆发式增长的过程中，如果我们一味地迎合小汽车出行的话，那么没有一个国家能解决交通问题。而且小汽车带来的环境空气的污染是值得我们警惕和重视的，最近大面积的雾霾其实是敲响了警钟。现在的疾病包括呼吸道疾病、肿瘤甚至癌症发病率都在快速地提升，其中也不排除尾气污染的贡献。从世界范围来看，欧洲这么好的环境条件，他们仍然认为机动车是导致空气质量恶化、人类疾病最主要的元凶之一！所以我们要反思城市管理中想方设法方便私家车的措施是否公平？是否合理？是否可取？

道路资源应该更多地往自行车、步行改善上倾斜，积极引导市民理性出行、绿色出行

我们现在更多的是要把路面资源还给步行、自行车交通，要在为步行、自行车交通的改善上下功夫。这个在我前两年的提案中也提到过，希望从规划、建设、管理等方面都要形成统一的认识。这也是南京交通白皮书里倡导的一种理念和认识。我们都在辛苦努力地为老百姓做工作，但是我们要有导向性，要有选择性，要能够让老百姓意识到我们的出行行为也要作理性的选择。

主持人：还有一问题想要问杨院长，虽然交通拥堵指数在大幅下降，开车市民的感受，还是在高峰时段一些老堵点比较拥堵。您是交通规划方面的专家，我知道您也组织编制了南京城市交通规划，还提出了一小时都市圈的概念，为南京交通的发展提出了许多超前的建议。那么今年两会上面，您对提升南京交通枢纽功能方面有没有一些好的建议？

南京还需要加快综合交通体系建设，尤其是轨道公交建设

我们现在还处在一个交通供求关系很紧张的阶段，包括供给侧、需求侧的调整也还处在这样一个阶段，所以交通上面要做的事情还是很多的。一方面我们还是要按照南京作为特大城市、东部国家中心城市的这样一种目标要求和定位要求、使命要求，进一步做好大交通的建设，包括高铁建设、枢纽建设、海港空港建设。这一块我还专门给省委李书记、石省长写了建议书，也得到了两位领导的批示。另外一方面，南京城市交通的规划建设已经奠定了很好的基础，路网框架、轨道交通体系等已经有了很好的基础。但是要应对以后这种千万级城市、东部特大型城市的定位来讲，现在的交通设施供应水平毕竟还是处在一个初级的阶段。所以，在今年政府报告里面，南京基础设施建设的力度也是空前的，包括跨江通道的建设，现在在建的总共有11条地铁。地铁建设规模力度在国际范围内也是空前的。另外现在也在作公交线网的优化，围绕着

地铁建成以后这些走廊上的公交线网优化，一些新的交通枢纽的衔接，还有新开辟的居住小区，以及原来一些公交线网不是很科学、公交服务不是很方便的地区也在作进一步的线网的调整和优化。

积极推动完整街道设计、道路交通精细化设计

同时，我们现在也在跟相关部门提建议，就是要倡导道路交通设计的精细化。我们城市的主次干路、支路、背街小巷不能仅仅靠常规的粗放式管理。首先要从完整街道设计、精细化交通设计开始，把这些空间能够按照一种科学的设计理念来进行规划。这样才能为我们的管理部门提供更科学的依据。这种工作一定是很精细的，需要充分调研、现场调研、老百姓的诉求的调研，而且需要平衡各方的利益。这些都需要做非常精细化的工作。这个在美国也是一样，从20世纪70年代开始，他们也是认识到小汽车的这种蔓延式增长对整个市民生活环境、出行环境和生存环境的负面影响与冲击。所以从那时起他们就提出完整街道的理念，更加强调街道是为人服务，要可步行、可骑行、可乘行，还要可生活、可持续，而不是说为车辆提供更多的方便。所以这块我们也是跟相关部门提供了不少建议。这些在南京交通发展白皮书里面也得到了充分地体现，各个部门也在按照这个要求推进。总之，我们的城市管理不能仅仅靠人力资源，背街小巷，面广量大，现在我们的城管同志非常辛苦，但是我们希望能以更加科学的方法、理念和技术来减轻城管同志的工作量，也能够更好地提升我们城市的品质。

（本文发表于2017年1月12日《南京日报》）

『澎湃问吧』问答

作者按语：机动化是伴随当代中国城市化进程中最具挑战性和深远影响的课题，也是党委、政府、舆论和公众共同关注的热点话题。在澎湃新闻网开辟社会热点话题问吧的一开始本人就受到特邀，就"城市如何应对小汽车爆炸式增长，让出行更安全顺畅"话题，与网民展开公开问答讨论，历时近1年时间，涉及热点交通政策、公共交通发展、汽车产业政策、城市交通管理、停车治理对策、节日免费通行、交通问题科普、南京交通谏言、电动自行车等展开了持续广泛热烈讨论。本文是这些讨论汇总整理纪要。

1 热点交通政策

对国内存在争议的城市交通政策的看法

m.richxcy2015-10-02

问：请问您对限牌措施怎么看？

答：因地制宜，因时制宜。

普通人2015-10-01

问：既然都知道市区堵车那么严重，为什么禁止摩托车呢，摩托车占用
更少的道路资源，而且便利环保，我是不是可以理解是政府部门的懒
政，反正不好管理，不如干脆一刀切，禁止了事！

答：燃油摩托车污染可能超过小汽车。事故率和危险性远高于小汽车！舒适性、
稳定性远不如汽车。因此，在人流、车流密集的市区内采取限摩甚至禁摩措
施是有必要的。

叉烧包2015-10-04

问：现在很多三四线的城市也禁止摩托车新入户，逼着很多人只好买汽车，导致本来就路窄的城区天天堵。我想知道为什么会出来这样的政策？根据在哪里？

答：交通问题及其原因既有一定普遍性，更有很强地方性。治理交通的策略应当因地因时制宜。盲目照搬其他城市做法很可能事倍功半。

六扇门总督2015-10-10

问：您怎么看摇号这件事？

答：限牌限购是在特定城市、特殊时期一项不得已的调控小汽车发展和小汽车交通的一种措施。摇号或竞价只是限购限牌的具体游戏规则而已。从调控的本意看，我更倾向于竞价方式。

多啦好梦2015-10-14

问：院长，我生活在上海，最近看到一条新闻：人大代表建议外地车辆进入上海外环以内收取拥堵费。我感到很惊讶，第一：政府是否在变相掠夺？第二：光靠收费解决不了拥堵问题；第三：客观上形成歧视、不公平，不知道您怎么看待这个消息？

答：尽管您的观点我看来有些过激偏颇，但我对上海拟向外地车收取拥堵费的设想也不赞成。我的理由和建议是，如果以拥堵费调节出行选择减少道路交通流量，对市区车辆收取是有效的，对外地车辆基本无效。如果拟对外地车进行调控，可以在特定区域（如中心城区）在上下班时段实施，是可行且有效的。

问：对的，我说掠夺有点过了，具体问题具体分析，上海可以发展立体公共交通体系。靠价格杠杆调节车流量毕竟有限，长远看要发展公共交通，即省钱又方便，同时要树立人们绿色出行的环保意识。

答：是的。国际上成功的公交都市都是这么做的。我们的城市公交服务能力和水平确实不尽如人意，有很大提升空间。另一方面我们的小汽车拥有成本、使用成本和违章成本都太低，也需要作及时调整。

-Uncle Bell◎2016-01-26

问：你好，我想请问一下，像广州这样出现大量外地化的本地车的问题，如果通过提高购买外地车牌的价格。从而限制广州人购买外地牌，可行吗？

答：作为开放性的大陆国家，我始终认为限外不是治堵缓堵可取的好办法。拥堵治理本身也不应是政府研究交通、管理交通、服务交通的关键目标和关键任务！政府关键的任务是围绕人和物的移动与运输的易达性、可达性下功夫、作文章。

child2015-10-15

问：您如何看待交通运输部部对约租车管理的征求意见稿？

答：众所周知，我国城市交通发展正处于十分敏感与复杂的关键时期，面临着交通拥堵蔓延、事故高发、污染严重的多重挑战与巨大压力。同时，社会公众对交通出行方便性、机动性、灵活性、自主性等个性化服务要求又日益提高。缓解城市交通拥堵、满足公众对高质量交通服务的诉求，根本出路还在于优先发展高效率、高品质的公共交通，同时辅之以安全方便的步行、自行车和出租车、约租车等多样化、个性化的交通环境与服务。交通信息化、智能化，特别是互联网等新技术发展进步，助推了包括公共交通、出租车交通、小汽车交通等在内的运输组织与出行服务的改善提升。约租车、专车等交通服务新业态的出现，既满足了公众对方便快捷高质量出行服务的诉求和需要，同时也引起了对传统出租车行业的冲击、对出行消费者利益与安全如何保障、从业者自身利益与安全如何保障乃至对整个交通系统影响与冲击等一系列问题的争议争论。《意见》和《办法》征求意见稿（指交通运输部2015年10月发布的《关于深化改革进一步推进出租汽车行业健康发展的指导意见（征求意见稿）》，简称《指导意见》，和《网络预约出租汽车经营服务管理暂行办法（征求意见稿）》，简称《管理办法》）的公布及时反映了社会各界对此问题的关注，并且以积极开放、从谏如流的姿态公开征求公众意见，寻求公众利益、公众意向和社会舆论的最大公约数。

Jacky假动作2015-10-07

问：请问在没有限摩必要的城市限摩，之后出现大量没有驾驶证的市民驾驶电瓶车和超标车在马路上横冲直撞，地方政府应该承担哪些责任？当初限摩的规定需要走哪些法定程序？现在城市两轮车数量远高于当年，且大部分是无证驾驶，造成这种状况，地方政府当年的决定是否是乱作为？

当年地方政府作出这种决定出发点是什么？走过法定程序吗？禁摩之后导致出现更加复杂的交通状况，导致交通管理难度暴增，每个路口大部分电瓶车都不遵守交通规则，交警面对闯红灯、逆行的电瓶车表现出的冷漠表情也鼓励了这些行为。

总之，地方政府在作决定的时候考量的因素是否够全面，当出现当年没有预料到但其实有迹可循的变化的时候，地方政府如何应对？这么多年地方政府就当这些问题不存在，完全没有要解决问题的迹象。前面是执政能力，后面是执政态度。这么多年来市委书记换了3个，但从以上两点来看，我也只能呵呵。

俞警：这个，我真回答不了……但总是需要解决！

答：我帮俞警回答一下：您说的这个问题的确普遍存在！限摩本身出发点是好的，很多城市开始实施的成效是明显的。但是，正如您说的，后来电动自行车，特别是三超（超速、超重、超宽电动自行车）完全搅乱了秩序！根源不在限摩本身，而在一是对电动自行车的放任甚至放纵，二是公共交通发展的严重滞后！

拿着玻璃球看世界2016-01-17

问：您觉得某些城市推行的限号、限牌、限行，是不是与我国的计划生育一样，都是在不尊重宪法的基础上，强加给老百姓的管理办法？

答：大城市道路交通供求矛盾和交通拥堵是世界难题，限购、限牌、限行并非中国城市政府首创，更不是独创，与宪法赋予的公民自由权关系不大。但是，这些措施并非治理交通拥堵的上策和良策。日本东京、中国台北、韩国首尔等亚洲城市均没有采取限购、限牌、限行，主要靠多层次、多元化、发达、高品质的公交体系和服务，路面资源向公交、步行、自行车优先倾斜，加之好收费的停车、严苛的交通违章处罚等，较好缓解了城市交通拥堵。

崔潇毅2016-02-11

问：像进京证这样的东西，最后会怎样发展呢？

答：鉴于"首堵"的严重状况，进京证很可能将会长期存在，而且有可能进一步扩大区域、扩大对象。

问：谢谢您！但进京证最后会有一种更好的解决方法吗？

我想如果政府能够更加理性地认识城市交通问题的本质，谦虚地学习国际先进经验、虚心听取城市与交通规划专家的意见和建议，努力转变以车为本的发展理念与路径，大力发展城际铁路和轨道交通，切实搞好公共交通、步行和自行车交通，北京交通改善还是大有希望，届时进京证也就可以作为历史记忆啦。

rjt2015-10-11

问：现在很多大中城市禁摩托车，导致许多人都去买汽车，其实上班高峰期很多小车里都只坐着一个人，我想这应该也是导致近几年城市交通拥堵的原因之一，您认为呢？如果改变禁摩的政策，会有助于缓解拥堵吗？

答：数据可以证明摩托车的排污、安全性以及对交通流的稳定有序的影响等等，都不支持在市区大量发展摩托车交通，而且对于摩托车使用者自身也是存在极大安全隐患的。

黄大胖子2015-10-11

问：请问杨院长，对于Uber、滴滴这类新兴行业的出现持什么样的态度？是否觉得这类行业的出现可以有效缓解城市交通问题呢？

答：可以为市民提供新的更为便捷舒适、自由高端的出行服务，但对于缓解交通拥堵基本没有作用！

雨花石2015-12-17

问：请问杨院长：您如何理解民间公益行为的顺风车？会有政策支持和规范顺风车吗？

答：民间公益性顺风车是值得肯定和鼓励的，无论是慈善性的还是自愿共享性的。这样的公益行为未必一定要政府去干预或规范。但对于借公益之名行赢利之实，逃避规范管理的黑车行为，则是要另当别论了。

雪纷飞2015-12-20

问：你觉得限牌限号是解决拥堵的办法吗？

答：我认为限号限牌是缓解交通拥堵的下下之策，不是上佳之策。但在特定的背景下，限号限牌很不幸地又一再成为不二选择！

问：单双号限行作用大吗？

答：不是上策，也非中策，不得已而为之，尽量避免采用。

清远名汇农副产品2015-10-08

问：你对滴滴专车之类的网约车什么评价？

答：互联网+交通背景下的新业态、新模式，积极支持，加强引导，尽快规范！

big咸2016-03-20

问：请问广州限牌不限行，对于这种总伤害自己人的方法。您怎么看？广州交通，要怎么样治理才可以没那么堵呢？

答：限牌并非好办法，而是不得已而为之。限牌除了简单的摇号、竞拍等行政措施外，还有提高注册费、实行牌照税、消费税、车位证等很多其他途径。限行是必需的，但也需谨慎而为之，注意公平性、有效性、可替代性等。限行的措施有很多：疏解过境交通、区域性货车限时通行、低排放区或零排放区、限速区、广泛的公交专用道、步行街、无车日等。

我是个诗人2016-04-11

问：向杨院长请教禁摩的问题：禁摩是交通产业顶层设计吗？是为了发展
　　汽车业、电动车业吗？如果移动需求可以用更便捷、节油摩托解决，
　　对汽车的迫切需求就会减少，不利于经济发展，而更高端的产品，才
　　能拉动技术进步，拉动经济，拉动老百姓工资，这样就要压抑落后产
　　品，因此禁摩、限牌是交通工具发展顶层设计？

答：禁摩应该算不上"顶层设计"，也并非为了促进汽车产业发展和技术进步。主
　　要还是因为摩托车本身高违章率、高事故率、高污染等原因。

小飞沫2016-04-14

这问题是路权的分配不平衡，因为汽车消费对拉动内需贡献比摩托车大，因此对
摩托车的使用作限制，冠以多个罪名而禁止之。分道行驶的管理模式可以解决
问题，但是由于面子工程需要，在汽车产业链的公关下，摩托车被迫在行政干预
下让位路权给汽车。更适合中国国情的交通工具不是汽车而是电动自行车（摩托
车），一禁了之的做法非常不妥，带来的负面影响非常大。

crterry2016-08-09

问：南京限牌这事，您认为大概在几年内完成比较合适？

答：至少三五年内还不至于。其实我们也不希望实行这样不得已的措施。

wise fool2016-08-09

问：在一线城市通过号牌限制机动车数量的策略放在二三线城市解决拥堵
　　是否过于简单化？能否考虑在如南京这样的二线城市使用街区限行或
　　分时段限行等其他综合策略？另外，在城市规划中，如何弥补诸如广
　　州路（车位需求远大于地面空间）这类老街区停车位不足的问题，同
　　时又能兼顾节约环保？

答：您的提问和建议很wise！我很赞赏也很赞成。广州路医院一条街停车难是国
　　内普遍存在的问题，很难根治。有一些缓解的办法可以尝试，一是在新区设

立同档次水平的分院,给老城内的老院分流减压;二是改善公交及其接驳系统;三是尝试开设医院接运巴士等。

YOYOJANG2016-08-09

问：杨院长,请问当网约车合法化,滴滴与优步合并后,真的对"最后一千米"有帮助吗?为什么?另外,是否还有更好的选择?有没有政府、企业在做这个?我觉得公共自行车的押金略贵,学生党的我也付不起,而且位置设置也不可能面面俱到。

答：恕我直言,滴滴与优步合并预示着网约车乘客们、司机们的好日子到头了。能叫网约车为何还嫌公共自行车押金贵呢?不懂。

moon2015-11-04

问：杨院长你好,我是重庆人,重庆会对市区车辆以及外地进入市区的车辆收取路桥费,请问这合理吗?

答：百度了一下,了解到重庆对汽车收取路桥费政策早已实施。我理解,这就是南京酝酿已久但尚未出台的年次票制。实行这一政策措施可能有两个理由(功效):一是贷款修路桥,使用者付费,收费还贷;二是提高本地汽车拥有和使用门槛,抑制汽车过快增长、过度使用,引导外地车尽量避免进入市区,缓解市区道路交通压力。或者以上两个理由兼而有之。以上两个理由与现行国家法规并不冲突,对于重庆这样的特大城市也很有必要,而且是相对公平、简便、易操作的,值得其他城市学习借鉴。

花裤子2016-06-16

问：您好,请问您对部分城市禁摩有什么看法?

答：如果摩托车广泛电动化,可以考虑拒绝或取消禁摩措施。毕竟它比小汽车节省道路时空资源。

小飞沫2016-06-17

本来中国的城市不应该搞禁摩，禁摩措施是行政干预市场的产物，以行政命令来禁止摩托车上路，迫使车主们买汽车来代步，以求汽车销量能有保障。其负面后遗症非常大，严重加剧了城市交通压力，加剧了停车位置缺口的供给压力，恶化了城市交通生态平衡。

南风谣2015-12-28

问：做汽车梦？一到过节就变汽车劫。为什么不鼓励推广两轮摩托车，相反还一禁了之？求解，多谢！

答：这个问题前面已讨论过。简言之，一些大城市在市区限制摩托车，主要原因是其污染、事故、伤亡、干扰等比其他交通方式（包括小汽车）都要严重。至于中国人如何做好汽车梦，我们主张一定要理性认识与管控，要理智消费和使用，绝不希望无节制滥用。对于大城市、特大城市，也需要类似摩托车限制的措施。根本上还是要优先大力发展公共交通和绿色交通。

我是个诗人2016-02-11

问：院长好！现在大城市汽车拥堵，小城市更拥堵，这种情况下，为什么不鼓励多种出行方式呢，如摩托车，目前很多城市都禁摩，道路建设也没有考虑摩托车、自行车？这是因为汽车拉动的经济效益好，对国家发展好的角度去考虑的吗？

答：您提的这个问题有很多人关心关注。中国的汽车化进程正在以每年增长20%以上的高速度发展。而理智理性的汽车交通消费理念与习惯远没有形成，科学合理的城市交通规划、建设、管理体系也没有完全建立，有效的城市交通特别是汽车交通管治调控政策也远没有形成，交通工程、交通规划、交通设计等都没有形成法定职业。因此，交通问题的爆发和蔓延几乎难以避免！一、二线大城市由于人才和技术相对集中，交通问题的处理反而要比中小城市有力有效。您提到的中小城市摩托车、电动车交通确实不必也不应一禁了之，而应当因势利导，给予合理定位、合理空间、合理管制。

小飞沫2016-04-05

问：这些城市的禁摩，是行政干预市场的违规行为，这个问题应该引起我们的人大代表的注意，用汽车取代摩托车是追求经济利益最大化，牺牲交通生态环境的平衡，后遗症远比30多年前的计生措施大。相信这些城市如果恢复摩托车的上路资格，让市民自主选择，可以用摩托车代替汽车日常的上下班代步，拥堵会大为减少，而且不必为停车场的供需失衡担心。

后知后觉2016-03-02

问：先生怎么看待滴滴专车，是让其和出租车互相竞争还是化整为零？

答：出路在于相互融合。即巡游出租车植入互联网技术，网约出租车遵守出租车基本规则。否则只会两败俱伤！

不想取名字了2016-03-02

问：杨老师，其实作为公民，在现在决策过程不十分透明的情况下，我们非常想去了解，我们城市的管理层是怎么作出限牌、限号、限购这些决策的？现在，关于城市交通规划这一方面，国家有没有出台什么规定，让有关决策过程科学化、规范化呢？

答：限牌、限号是不得已的选择。《城乡规划法》对交通规划编制有明确要求。住房城乡建设部也已出台了《综合交通规划编制办法》和《综合交通规划编制导则》。问题的关键是部门间的博弈大于合作，不同规划体系之间本身的隔阂与偏见，由此导致《交通规划》的效能大打折扣。这是很遗憾的。

马忠2016-05-09

问：院长先生，我们的宪法要求法律面前人人平等，你认为一些城市限行外地牌照，是否是歧视？交通法是全国性法律，地方警察限行其他地区牌照汽车的法理依据何在？人为阻碍地区间的交通，外地车辆限行，是否有必要？

答：我也不太赞成限外。

蜗牛2016-06-07

问：这费那费，拥堵都要百姓缴费，这种政策合适吗？城市的规划设计百姓可以参与吗？说白了，你衣服做小了怪我胖咯？

答：规划不是万能的，巧媳妇难为无米之炊。大城市空间资源有限，难于满足大部分人都自由开车、停车的需求。在此情况下，要么政府优先做好方便舒适可靠的公共交通，让人们愿意选择公交出行，减少小汽车依赖；要么通过经济杠杆，拥车和用车者支付更多的成本费用，一方面促使使用者尽量减少不必要用车，一方面让政府将资金更多用于改善公交；要么采用行政手段限牌限号。公民是否购车用车有权作出自己的选择，但也应当承担相应的成本和代价。

随2016-05-31

问：请问街区制改革，可行吗？

答：积极倡导、因地制宜、循序渐进。

realalien2016-02-24

问：从其他读者的评论回复中，可以看到您表示的为缓解城市交通的考虑。但是这好像牵扯出更多更大的问题了。我的问题是：

a. 目前主要的城市中，有无改造现有社区的成功案例，不包括人口迁移，推倒重来的社区。

b. 由于马路的拓宽，出现了大量居住区紧靠马路的现象，已无生活质量可言。为何？

答：南京20年老城区次干路、支路网规划改善的经验值得分享。第一，让市长和各部门区县及社会各界认识理解一个健康完整的路网体系对城市与居民的健康生活是非常重要的，尤其关键的是支路网微循环系统。南京20年前做到了。第二，规划先行、预控预留。第三，遵循渐进、量力而行，持续坚持、不断巩固。第四，因地制宜，择机实施。具体实施机会，一是退二进三，二是危旧房改造，三是片区旧城更新，四是长效化的街巷整治等。经过20年努力，南京老城路网密度从1.78千米/平方千米提高到了8千米/平方千米以上。而且并没有推行（更没有强制推行）居住小区大门打开。现在的问题是大量的改造加密支路被停车侵占，令人痛心疾首！

春天像花儿一样2016-02-24

问：你现在说拆了，这么好，那么也好。我问一句，早干吗去了？你们规划者没有长远规划吗？现在拆这个，明天又拆那个，法律问题不遵守，今天说影响交通拆围墙，明天是不是就得把房子扒个洞让车过？说安全问题，你说封闭小区并不一定安全，不封闭就安全了？封闭小区能够解决的问题，已经得到验证。

答：你的质疑和指责有一定道理。的确，我国城市规划、交通规划理论的相对落后，规范标准的严重落后是导致目前城市空间组织与用地布局模式落后的重要原因。此次中央文件出台倒逼相关理论建设和规范标准修订加快推进，否则住房城乡建设部门、规划学界都难以向社会交代！

景观Gy2016-05-18

问：院长你好，现在对城市交通的问题已经使人们思考城市肌理的不完整，对围墙拆或留的一种思考，那么拆围墙对人文的影响是什么，有哪些？谢谢。

答：您说得对。中国古代城市以里坊制模式管制；新中国成立后在计划经济年代又是以单位承办一切前店后院式大院管制；改革开放后单一的土地出让金收益政策导致大居住小区功能单一、支路网及其他公共设施缺失等。这些都是造成我国城市道路网体系与功能失衡，干路网交通流过度集中的重要因素。转变这样的土地利用和道路网布局模式的确十分必要，意义重大。但是，转变的方式与过程必须是因地制宜、渐进改良。首先是要改变既有的城市与交通规划理论与方法，其次是抓紧修订相关技术标准与规范，第三是新区新城规划应率先示范，第四是老区旧城做好更新规划，长期预控预留，择机优化调整。特别注意保护城市历史文脉与风貌。

天他爹地2016-02-18

问：人均可支配高的地区和低的地区开车违章了，都是缴纳相同罚款，您
　　认为合理吗？如果不合理，有没有好的解决方法？

答：不尽合理，应当允许因地制宜设定合适可比的处罚力度。

2 公共交通发展

有关中国城市公共交通发展问题的解答

阿奋Ponder2016-01-02

问：请问，要到什么时候，才会正儿八经地倡导公共交通？

答：公交优先不仅仅是要倡导，更重要的是要行动！而且是越早越好、越早越主动、越早越有效！

child2015-10-15

问：能否请您介绍一些公交做得比较好的城市？

答：我国除了香港、台湾，公交发展相对较好的城市有"北上广深"等一线城市，还有南京、青岛、大连、昆明等城市。

lockbottle2015-10-21

问：杨院长您好，公共交通建设发展涉及的主体很多，其中政府部门就包括交通、交管、建设、规划、发改委等多个，在协调上有的城市是由分管副市长，有的是建立领导小组，实际作用都很有限，如何建立一个稳定、高效、权威的公交发展领导机制？国内有没有一些成功的经验？

答：您说的一点没错！所以，推进公交优先和公交都市，关键还需要高位协调、顶层决策。同时，强有力的技术支持、专家顾问、部门协同和公众参与，都是很重要的。这些正是我思考和包括的主题。目前做得相对比较好的城市有"北上广深"一线城市以及南京、武汉、佛山等城市。

纸媒离死不远2016-01-21

问：中国和西方不同，是高密集群居社会，为了GDP发展私家车小汽车产业是个错误，应该大力发展公共交通，比如巴士和地铁。香港和东京在上班日，依靠的也是公共交通而不是私家车。不知你怎么看？

答：汽车产业与汽车交通是两码事。中国是大国，既需要有自己的汽车产业，也需要差别化的汽车交通政策。

小飞沫2016-01-3

说：大力发展公交是个方向，但是会受到城市人口密集的影响，广州的公交已经在努力中，地面的公交车每日都饱和运行，地铁也一样饱和运行，公交车司机紧缺。在这样的状态下，如何减少私家车的使用？最有效的办法是恢复摩托车（或者电动自行车）上路的资格，让市民自我选择合适的出行方式，而不是对两轮交通工具作封杀。不是市民不用公交车，而是在公交车饱和的状态下，使用私人交通工具是无奈的选择。然而，地方政府在GDP思维主导下，用行政命令手段去禁止摩托车使用，来保障汽车消费的高企，这才是错误的。

答：您说得有道理，我赞成。

dbsail2016-05-25

问：公共交通跟上来了我觉得开车的人能少一点。南京的公交比北京差的不是一点半点，其实我觉得南京完全没必要修那么多地铁，贵，为什么不多弄点BRT，有轨电车呢？

答：南京公交与北京公交比，各有优劣。总体上，南京公交的便捷性、舒适性、可靠性等不输北京。南京作为600万城市人口的巨型城市，建设高密度好水平轨道交通完全有必要；南京作为发达的省会城市以及2500年历史的著名古都，建设轨道交通很有必要。南京道路绿化林荫走廊是南京特色，世界有名，制约了路面公交，特别是快速公交、有轨电车等发展，也要求更多依赖地铁。

CP-UCP-U2016-08-08

问：城市公共交通大致分为哪几类呢？它们各自主要应用于哪些情况呢？另外不少城市在创建公交都市的过程中提出了步行几百米到达地铁站，地铁和公交的发车频率要缩短到几分钟，但实际情况却与这些愿景相反，我国的公共交通规划水平有待提高吧？

答：我国是一个幅员辽阔、人口众多、城镇密集、资源紧张的大国。因此，我们的城市公交系统应当是多模式、多层次、开放一体化的公交系统。按照我早期的研究归纳，我国大城市公交系统至少包括了三区类（城际、城市、城乡）、三品类（区域铁路、城市轨道、路面公交）、九层次公交（三品类各分三层次）。如果加上互联网+公交，以及需求响应式公交等，那就更多达十多种公交类型。按照以上标准和要求衡量，我国的城市公交确实还有巨大的提升改善空间。

CP-UCP-U 2016-08-24

问：想请问中国城市的轨道交通规划能否按照日本尤其是东京的轨道交通模式（不同线路之间能直通，有快慢车）来建设？个人认为日本模式更适合中国城市这种需要承载极大的运量的轨道交通系统。实际却是中国的轨道交通规划有太多的败笔，小编组和站站停以致运量严重不足和运行效率低下。

答：很赞成你的判断和评价！我对中国的城市轨道交通设计与建造技术也感到很

失望!

CP-UCP-U 2016-08-26

说：希望您能在一些会议上提出这些建议，让更多人清楚地知道中国地铁的不足和努力的方向，尽可能改变众人的思维误区。

Summer2015-12-28

问：在现有的公交地铁之类的公共交通设施基础上，接下来我国还可能会从什么方面入手建设公共交通呢？像北欧的自行车高速路在中国有可能实现么？

答：我国的公共交通系统规划建设运营服务与国际先进国家的差距可以说是全方位的！比如：单兵作战、功能单一、层次单一、投入不足、换乘不便、信息缺失……因此，从积极的角度看，只要认识统一、统筹协调、协同作战，我们的公共交通发展可作为、可改进、可提升的空间极大！从消极角度看，只要体制不变观念不变，改进提升的难度则很大。

海峰2016-04-13

问：杨院长，为什么地铁都要穿过中心城区。感觉中心城区根本没人坐，建造成本又高，外围人多拥挤，能不能多建一些从近郊到中心城区边缘换乘点的线路，不要所有线都穿城而过。另外，市中心发展公共交通，划了很多公交专用道，可中心区公交很多、客流稀少。上海的公交线路调整的动作又很慢。

答：您的判断有点奇葩。不过也许您住在郊区。中国的"郊区"的确与国外的郊区差别很大，主要是我国的郊区（其实是新区而不是郊区）开发强度远高于国外的低密度郊区。因此，我们的确要重视在外围新区的轨道交通布设和服务覆盖。但不管怎么说，城市中心区还是人流客流最大最集中的地区，也是开发强度最高的地区，更需要高密度轨道交通支持服务。而且外围新区也都希望与市中心有轨交通直达联系，两者都需要重点考虑，协调规划。

Hi，Taxi2016-04-14

问：杨院长，我是一名出租车司机。众所周知，出租车行业的定位是城市
公共交通的补充。为什么不能把它看成是城市公共交通的一部分？我
认为正是因为现在对出租车的数量管控，造成人们的出行需求转向私
家车，从而造成了城市交通的拥堵。让人们方便乘坐公交、地铁、出
租等公共文通，城市拥堵能够解决，同意否？

答：让市民方便的乘坐公共汽车、地铁，是政府的责任，是缓解交通拥堵的根本措
施。同时，即便公交很发达很方便，城市交通也未必一定不拥堵。事实上很多
国际发达城市公交很先进很方便的城市，交通拥堵依然存在，甚至严重。至于
出租车交通，的确是公共交通的补充，但不是公共交通，是满足个性化高品质
的机动出行服务。出租车应该逐步按照市场化的规则放松管制、放开经营。

天无风2016-05-31

问：作为政府部门，如何合理地规划行政区域内的公共交通线路等资源
呢？比如公交线路怎么走？多远？班次？如何即方便出行又照顾到
企业利益。

答：这个问题很大很重要，是一门大课、是一本书。请参考有关公共交通线网规
划教科书和专著。

修身齐家2015-10-05

问：中国的公共交通系统人狂多，车乱转不准点，脏乱差，毫无服务意
识。这样的公交系统，院长先生，您选择开私家车还是坐公交？

答：任重道远，持之以恒，终有成效。

真话2015-12-05

问：大家知道人的需求是多层次的，大城市出行，许多私家车主上下班
宁愿堵也要驾车，可能实在适应不了地铁拥挤、巴士又挤又堵这种
环境，那么有没有可能的方式来让这些车主有比较舒适体面的公共

交通服务？有没有必要来探讨一下呢，现在的技术手段、服务能力也是完全有可能来实现的。

答：是的。现代化公共交通体系必须是开放式、多元化、高适应性、高品质的完整体系！除了建设发展大容量轨道交通、骨干公共交通和常规公共交通之外，需要大力发展支线公交、接驳公交、特色公交、定制公交、响应公交等多重形式公交方式，让所有愿意乘公交的乘客能够选择其最适合的公交方式！

xff2016-05-29

问：杨院长好，我是一名交通专业应届本科毕业生，即将进入公共汽车公司工作，也实习了一段时间，感觉企业的主题词是"增收"，跟学校里"治堵"的主题相去甚远，学校里学的东西是不是太虚了？这两方面又该怎么结合？

答：作为企业，"增收"理所当然是企业的主题。但作为公共汽车企业，主题不单单是"增收"，更重要的是"服务"。服务是公交企业义不容辞的责任，也是公交企业增收的基础。至于学校学的交通工程专业，"治堵"不是本专业最重要的主题。交通工程的主题是研究人、车、路及其环境的协调解决方案，以促进交通运输的安全、高效、环保、经济等目的。

大娱乐家2016-01-21

问：如何提高出租车和公交车司机的素质？现在年轻人喜欢优步不仅仅是价格，更重要的是优步不会乱拼车，而且坐出租感觉跟飞一样，一路飙车乱按喇叭。公交车也有，今天刚亲眼看见公交车逼停救护车！！

答：天作孽犹可怨，人作孽不可活。公交、出租服务的质量、吸引力、竞争力与公交、出租司机的服务能力、服务态度、服务质量密切相关。公交出租企业既要保障司机应有的权益，有要加强司机的常态化的培训、监督，而且应当建立乘客委员会监督机制。

yuki_summer09212016-04-21

问：杨院长，对于轨道交通，总有个说法是引导城市发展，但由于建设成本高，难度大，再加上政府对市民的承诺，使得现在的轨道绝大多数都是以缓解交通的思路做的方案，结果就是，虽然交通有所缓解，坐地铁的人越来越多，可是人口却疏散不出去了，解决公共服务设施的同时，就会吸引更多的人使用。

答：城市规划、建设和发展是极为复杂的系统工程。地铁建设的主要目的和最终目的是为大城市提供大容量、高品质、可靠的运输服务。地铁客流既要充分考虑既有建成区服务需求，又要考虑满足未来长远城市发展增加的客流。后者是要靠沿线土地开发产生客流，反过来沿线土地开发也需要通过地铁这样的大容量客运交通方式带动和支撑客流服务。因此，一条成功的地铁往往是服务导向（SOD）与开发引导（TOD）相结合的。单纯的SOD或者单纯的TOD效果都不会高于两者结合的结果。

yuki_summer0921 2016-04-230

说：非常感谢您，曾经听过您的讲座，受益匪浅

把酒话桑麻2015-12-05

问：京津冀协同规划里面虽说只提了北京的文化政治中心定位，但是中国的制度特色决定了政治资源的集聚必定带来资本的集中。我认为公交优先并不能缓解北京的交通压力，短时间内也没有精力与财力建成日本那样发达的城际轨道交通线，或许真正的疏解北京中心职能压力才能治标治本，您怎么看我的观点？

答：第一，通过疏解过于繁重的首都功能无疑是缓解首堵状况的治本之策。然而，疏解首都功能谈何容易？！这是一项极其复杂的社会系统工程，而且必须持之以恒，方可取得实效。否则搞不好非但不能缓解首堵状况，反而是火上浇油！第二，公交优先是缓解首堵状况的根本之策，也必须长期坚持，且必须系统规划、系统优化、系统建设、系统运行！第三，提高小汽车拥有和使用成本、强化小汽车交通的有效调控，也是缓解首堵状况的必须之策，需要广泛宣传，达成广泛社会共识！第四，文明交通也是缓解首堵状况的治本之策！第五，科技交通也是缓解首堵状况的重要之策！

3 汽车产业政策

922无车日的意义；中国汽车产业发展的困惑；

海牛2015-09-22

问：无车日对交通是否有很大影响？

　　是否有机构对每年的全国性无车日活动社会效益、经济效益等问题进行政策评估？

答：无车日活动主要是一种宣传倡议活动，让全社会广泛加深对城市交通理性发展、日常出行理性消费、重视生态环境和城市家园保护的共识，并落实到自觉行动，培养理性出行选择的观念和习惯。这样的活动日当日实际能减少多少机动车交通量，可以通过观测统计特别是依赖现在的大数据工具统计分析得知，但并非是这项活动关注和追求的重点。我始终主张应当恢复

"无车日"要与"公交周"活动同步实行，后者比前者更重要！公交优先既是减少小汽车出行的前提，也是倡导"无车日"期望的结果。我还希望并建议同步倡导"步行自行车日"。希望政府部门间加强合作意识，明年能够多部门联动推进这三项活动同步实施。

潇水湘江2015-09-22

问：我是私家车主，平时尽可能不开车，坐公车或者步行或者单车。我觉得环保无需在特定某天喊口号而已，而是在生活中注意细节即可。

答：您是一位有觉悟、有责任感的、值得尊敬的好市民！不过，不是人人，还是有许多人并没有您这么高的觉悟和自觉性的，需要通过"无车日"、"公交周"等活动对他们进行启蒙宣传教育。

西风烈2015-09-22

问：中国应该发展先进的公共交通，而不是小汽车，到处都是堵车，到处都是车满为患，政府有责任，也显得很无能。

答：突出公交优先发展确实是政府的首要责任。但汽车化、交通拥堵是经济发展的结果，并不完全是政府的责任，更不能说明这就是政府无能~

Fanary2015-09-22

问：我认为无论是"无车日"、"公交周"、"步行自行车日"，其主旨都是让公交优先深入人心，让交通回归本位！现在的"无车日"活动社会影响甚微，我觉得如何最大限度地争取社会参与是宣传活动有无成效的关键。是不是可以考虑在活动日试行交通限行或者其他管理措施，测试政策反响、争取社会参与呢？

答：完全赞成您的建议！

孤独的张飞2015-09-24

问：建议一条腿走上层，在全国范围内的市长培训班上，由专家们给市长灌输理念；第二条腿走基层，让交通参与者们，尤其是白领们，觉得使用公共交通工具出行，是一件公益，甚至是时尚的，理所应当的事。

答：赞成！

快雪时晴2015-10-07

问：中国发展小汽车是错误的吧？

答：不能这么说。中国这样的大国，有足够的汽车发展空间和市场，不发展自己的汽车产业是不对的。但同时也必须有差别化的汽车交通政策。

child2015-10-03

问：越来越多的人，把开车出行作为一种生活方式，您怎么看待追求更好的生活与城市可持续发展之间的矛盾？

答：汽车跟世界上很多好东西，如山珍海味、美女帅哥等一样，来到世界上，让人方便，给人美味，令人艳羡！但好东西也一定要节制有度，否则也会损人害己。

1212015-10-06

问：人各一车中国无法出现！汽车梦是天方乱谈！

答：汽车与世界上所有好东西一样，既是天使，也是魔鬼。中国人做汽车梦只要理性适度就没什么不可以。

西風天尊2015-10-10

问：你好，你觉得现在中国汽车的数量达到某个阶段的最大值了没有？中国汽车的数量的走势图应该是什么样的？

答：我国的汽车增长还处在超高速增长期间内。2014年我国汽车产销量双超2300万辆，汽车保有量新增1700余万辆，增长率超过20%。以上各项指标均稳居世界第一。如此超高速增长对新常态下的GDP指标贡献很大，同时对我国的土地能源环境造成的压力更应当引起高层领导和社会各界高度警惕和重视！

有道2015-10-10

问：中国地方大，没有车不方便，从一地到另一地的时间、费用和精力更多。城乡之间的公交系统不发达，差距大导致交通不便利。根本上，只有改变优势资源，集中建设中心城市和区域的政策布局，才能化解交通、房价和民生问题。

答：当然啦！汽车交通是现代交通五大方式之一，更是最能体现个性、自由、自主、便捷的交通方式，给人带来快捷便利，使人有更多的更好的发展消费享受、体验学习等机会，还无需有日晒雨淋之忧，可以说是交通中的小天使，在条件允许的情况下，家家至少有辆小汽车该多好！汽车梦难道不是幸福梦、中国梦的一部分吗？但是越是好东西也可能同时越是坏东西，越是天使同时也可能越是魔鬼！小汽车占地多、能耗多、排污多、噪声多、事故多，可以说是土霸王、油耗子、臭蟑螂、刽子手……其实凡事都必须有度，适度者利己利人利国利民，失度者害人害己祸国殃民。所以，我们既需要大力发展汽车产业，圆国人的汽车梦，同时又要实行差别化的汽车交通管控政策，引导汽车交通理性消费、适度消费、文明消费！

宁静致远2015-10-11

问：杨院长好，请问您对北京准备出台的有车位才能有资格买车的政策如何评价？谢谢。

答：有位方可购车，在日本、新加坡和我国台湾、香港等实行。买汽车与买冰箱、买电视一样也不太一样。买了冰箱、电视，肯定放在自己家里，不可能放在公共楼道里。买了汽车也应保证自己有自己的停车位，不能指望政府或社会提供停车位。北京这项政策我们院在10年前承担完成的北京停车发展战略中已明确提出。其实国内其他城市包括我们南京也都应该实施这一政策。或者说，这个政策应该由国家统一制定实施。不过，实施这个政策，必须以诚信为前提，严格堵上虚假车位证的漏洞。

歪克士2016-02-09

问：现在家家户户都买了私家车，那中国这个汽车市场的空间还有多大？

答：中国是个人口大国，城市化、现代化进程还远没有完成，机动化的发展势不可挡。2015年底我国的汽车保有量达到了1.6亿，与13亿人口相比，人均不足0.2辆，与高发达国家人均0.7辆左右，中等发达国家0.5辆左右，还有极大差距。因此，我国的汽车化和汽车产业未来还有极大的发展空间！这也意味着中国的汽车消费、汽车交通如何及时合理引导与管控任重而道远！

四明凡人2015-12-19

问：汽车问题已经成为一种城市病，不但堵塞了交通，还带来城市的环境问题。那么根据现在的发展趋势，中小城市有限车的必要吗？

答：小汽车是天使也是魔鬼！对于我们这样的人口大国、资源小国、环境弱国，为了拉动内需无节制地发展小汽车、无节制地纵容滥用小汽车都将导致灾难性的结局！国家和地方政府层面目前还没有这样的认知和判断。

洛城笛落2015-10-10

问：杨院长，你觉得应该控制小汽车数量吗？按照目前的趋势，小汽车会越来越成为大家的选择，官方一直在倡导公共交通，大城市的交通病可能已经让很多生活在其中的人认识到了问题，但是二三线城市的小汽车仍然在增长，应该如何控制？难道是不断拓宽机动车道？谢谢。

答：小汽车的优势和诱惑力是其他任何交通方式都无可比拟的。但是，小汽车交通的占地、能耗、排污以及带来的拥堵、事故等负面效应又是所有交通方式中最为突出的。所以，我早就说过小汽车既是天使也是魔鬼。比较正确可取的态度是既要创造条件顺应和满足广大民众拥有小汽车的愿望，同时又必须及时有效引导和调控小汽车的使用，尤其要限制小汽车的无节制滥用，特别是在人口密集、功能集聚、道路时空资源紧张的城市中心地区，必须高举公交优先，步行、自行车优先大旗，并不遗余力为公交、步行、自行车创造良好通行、乘行条件，不应迎合小汽车在这些地区的无限制低成本使用。

山本勘助2016-01-04

问：为什么现在总考虑限制小汽车？却不考虑多修路。以我所在的城市
　　为例，15年汽车保有量增加了10倍，道路资源却增加极其有限，可
　　能增加不到1倍，这样不堵车才怪。为什么没有人质疑政府的路修的
　　不够？

答：我国城市道路网设施水平确实与规范要求、与国际先进水平存在较大差距。
　　适当强化城市道路基础设施建设是必要的。但是，建设城市道路不应当把目
　　标目的定在满足机动车出行需求上，而是为了满足城市基本客货运输服务需
　　要，优先保障公共交通、步行、自行车交通需要。

^（o嗯o）^2016-01-17

问：就目前看来中国的汽车已经够多了，给交通带来了较大负担，对于以
　　后汽车行业发展和要购车的人，有什么看法？

答：中国是一个人口大国、经济大国，汽车产业一定是一个长期的支柱型产业。
　　汽车也是富裕的大部分老百姓家庭必备的私人机动交通工具。但是，国家和
　　地方都需要实行差别化的汽车交通引导管控政策；百姓也应当理性选择出行
　　方式，尽量选择低碳绿色交通方式出行。

小飞沫2016-01-21

说：各地的地方政府都不舍得放弃汽车消费为地方政府带来的利益，其实，
　　最有效的应对措施是允许和管理好电动自行车上路（或者摩托车）。
　　去年，武汉市政协委员、硚口区政协副主席李光就递交提案，建议武
　　汉实施限购汽车。他说，目前武汉市区主要交通节点已发生了较为严
　　重的交通拥堵，如不采取限制措施，高峰时段将出现恶性拥堵。机动
　　车尾气排放是武汉市主要污染源之一，随着机动车保有量的急剧增
　　加，尾气污染将越来越严重。他建议，武汉市应学习吸收外地经验，
　　结合武汉实际情况，制定限行或限购政策。
　　武汉是否到了限购的时机，武汉市政协委员李春生表示，从出行的实
　　际体验来说，感觉到了限购的时机，但随着轨道交通的发展和公共交

通服务体系的完善，汽车使用频率会发生变化，限购的红线也在变。李春生建议，车辆限购涉及面广，关系市民切身利益，政府部门应按照重大行政决策程序，邀请公众参与、专家论证，进行风险评估、慎重作出决定。

目前，汽车产业已成武汉支柱性产业，限购会否对汽车产业发展带来影响。对此，武汉市政协委员、市社科院经济研究所研究员李春洋认为，限购对武汉的汽车产业发展影响不会太大，毕竟武汉生产的汽车主要还是销往外地。目前很多城市居民家庭已拥有至少一辆汽车，再加上公共交通的发展，城市机动车保有量增长会有一个放缓的过程。

亚力大伯2016-05-09

问：作为交通规划专家能否对汽车工业发展也提提建设性意见呢？比较日本，我国人均所得远低于他们，但如果算算小汽车的平均排量是远大于日本的，日本街头看到的汽车排量大于1.8升的比例是极少的。

答：何止排量比日本大！而且使用频率也比日本高不少。这就是为什么我们的小汽车拥有率没有日本高，而交通拥堵比日本严重得多的重要原因。而背后的根源还在于我们只有汽车产业政策，没有完整科学的汽车交通政策。我在担任第十届全国人大代表期间就多次向国家有关部门建议尽快制定科学的差别化的汽车交通政策。可惜我的提案建议至今没有得到实质采纳和有效落实。所以我对中国城市交通的未来是极其担忧的。

南家宾2016-01-18

问：您好！请问：由于近来汽车行业不景气，汽车后市场今后前景如何？

答：汽车产业应当是一个长期存在且可以不断创新的龙头型产业！新需求、新能源、新技术、新材料、新业态等机会在汽车产业会层出不穷。其中，新需求的不断产生是汽车产业长期存在长期发展的根本动力所在。

～2015-12-15

问：中国的雾霾越来越严重，汽车占一部分因素，那么未来汽车行业的热度会不会有所降低?

答：日趋严重的雾霾是多重因素作用的结果。汽车的爆发式增长和无节制使用肯定是雾霾加剧蔓延的重要原因之一！我们不幸地重复着西方工业国家100年前走过的先污染后治理的老路。更不幸的是，交通工程师迄今为止还不是一个法定的职业。真正需要交通工程师的岗位大多被毫不相干的没有接受过交通工程科班教育与培训的人士占据了。能够清醒认识且敢于说出真相并坚持不懈帮助城市提出切实可行交通问题解决方案的专业人才实在太少太少，而且他们的声音得不到足够的重视，他们的创作与劳动得不到应有的尊重。至于汽车产业的未来走向，毫无疑问总有一天也会达到它的天花板的。

问：很好！试问我国汽车产业发展触天花板会在何时？主要标志为何？

答：汽车产业发展天花板取决于环境容量、能源供应、路网能力和需求极限多重因素。

斯文流氓2016-03-18

问：你好杨院长，目前国内的汽车保有量在不断增长，但是正确的汽车文明和汽车文化又没有树立起来，从而造成现在的如不文明驾驶、路怒症、过度使用等等。请问你怎样看待目前中国的汽车文明与汽车文化？

答：的确如此。汽车文明的建立，一靠法治，二靠教育。

王宁KTB2016-03-22

问：先生您好，中国的汽车产业明显有很强的保护政策，国外进口汽车的税收异常的高，但是国产汽车的安全性和舒适度又不能满足大众需求，虽然国内汽车企业也在不断地创新，但是这种保护政策从某种意义上是否会限制国内企业自身的发展呢？谢谢。

答：不认同您的认知和观点。中国理所当然应该优先发展自主创新、自主品牌的汽车！而且中国人完全有能力和水平做得更好！

天空蓝2016-01-22

问：每月增加这么多新车怎么管？

答：是该大幅度提高拥车用车成本的时候了！汽车不是生活必需品。我们国家的
拥车成本、用车成本都太低。真正的危机还在后面！应当尽快较大幅度提高
拥车和用车成本，同时切实改进公交、步行、自行车出行条件和服务水平！

me2016-12-06

问：为了方便出行，每家至少有一辆车吧，可是，交通问题怎么办？

答：购车不必天天用车、不必事事用车。只有不得已用车时才用车。大家共同努
力遵守。

寻路的鹰2016-03-17

问：新能源汽车近几年内能否全面普及，取代油耗车？

答：从目前情势看，新能源车不太可能很快替代燃油车。但是，人类知识和技术
进步已经进入信息与网络时代，也许新能源车某一核心技术的重大突破，让
其续航能力、充电速度等技术性能大幅提高，同时，销售成本、次生污染等
大幅降低，那么新能源车替代燃油车也会以极快速度发生发展！

马奶茶2015-11-09

问：杨董，我在北美开了几年车之后发誓不再开。请问在中国的城市和郊
区坚持不开车可能吗？骑自行车或步行已经在很多城市变成很危险的
行为，而开车人员的普遍素质更使得汽车本身就是高风险来源。但似
乎所有城市都把大规模发展汽车产业作为市民"出行"的必要前提。
这样说是不是太绝对了？

答：看来您对国内交通状态是非常了解的！您说的都是国内交通的痛点！中国进
入汽车化时代还很短，不超过20年。我们长期处于混合交通状况。大众文明
交通意识、理性汽车文化意识都还没有完全建立起来。原因十分复杂，包括
经济社会发展阶段、汽车产业与汽车交通政策、城市与交通管理体制、道路

交通规划设计、社会交通法治环境、交通文化与文明教育等等。这些都需要通过渐进改良，经历很长时间才可能得以逐步改善。

十字路口2016-02-14

问：杨院长你好，现在看来把小客车当作支柱产业为了增加税收和工作岗位盲目鼓励小客车造成的各种乱象或者说弊端，说明国家当时制定方针政策的时候是不是出现了重大失误？

答：发展汽车产业本身并没有错。失误是无条件鼓励汽车消费使用，没有采取有效差别化的汽车交通引导政策！

深蓝的郁2015-12-17

问：大城市已经限制了，我们城市还会远吗？

答：欧洲是我们的镜子和榜样！人类文明的进步总是曲折甚至反复的。欧洲城市交通从150多年前的市郊铁路、城市地铁、有轨电车主导，到第一、二次世界大战前后汽车普及化，再到20世纪70年代后复兴公共交通，回归公交都市田园城市，是我们所有城市都应该深思理解和借鉴的。今天的欧洲大中小各类城市普遍对小汽车交通采取高压管控的态度与行动。欧洲的小汽车拥有与使用成本都是很高的，民众的环保意识和理性消费意识是值得我们尊敬和学习的。

Gribbon2015-11-09

问：现在电动汽车很多厂商都在做，政府也在给补贴，但好像市场挺冷淡的？特斯拉都亏损了。

答：原因很多。主要两方面：一是电动车本身技术成熟度与性能稳定性；二是使用过程中的服务链，包括充电、维修、保养、保险等。

刺猬崔2015-11-18

问：汽车都经过尾气检测，都是合格的；黄标车也是国家每年审验而且限制行驶范围的。为什么还说汽车尾气污染是雾霾的主要污染源？是我们的检测标准太低？还是汽油标准太低？

答：凡事都须有度。单辆汽车经过尾气检测，排放只要不超过规定限额，就是合格产品。但是，经过检测且合格的车辆不是零排放！既然不是零排放，当城市汽车总量，尤其是使用量达到一定规模，累积的尾气排放就可能超出城市空气质量标准，从而引起雾霾、光化学污染！

一个杠杆撬动地球2016-01-18

问：国内汽车强制所有都加个过滤装置很难么？

答：只要政府作为，就不难。

Lin2016-01-21

问：德国智库撰文指出交通部门能源转型需考虑：

稳步提高燃油税，释放清晰价格信号；有雄心的排放标准，助推电动汽车普及；加大对气候友好出行方式投资，如拼车、火车以及自行车。国内交通部门政策往往忽视气候变化及能源来源方面的影响，请对此评论？德国智库提的三点适用于中国吗？

答：此三点完全必要，且中国许多城市正在积极推动。作为发展中国家，我们要做的事还很多，要走的路还很长很长！

wolf2016-01-03

问：在国内限速有大于120千米/小时的路吗？如果没有，为什么允许生产出来的车，最高速度可以超过120呢？

答：这问题真把我问住了！据我所知，国内目前尚没有限速超过120公里的高速公路。公路设计车速是公路线形设计、安全设计的最关键指标。而汽车的设计时速是汽车自身动力性能、安全性能的标志。两者并不存在绝对的关联性。

Wang Zhijiang 2016-01-27

说：限速的目的是控制或缩小队列中各车辆的速度差，以达到提高运行效率和安全性的作用，高速公路除了速度上限外，还有下限。司机的驾驶水平和机动车状况是有差别的，在国内差别还非常大。有些超载的货车，体型大、反应慢、速度低，如果提高限速，运行速度差会进一步加大，反而会降低效率，也会大大增加危险性。

八月飞雪2016-01-25

说：车辆可设计限速装置，最高120千米/小时。

yangdas2015-09-30

问：高层还在出台鼓励汽车发展的政策，比如减免购置税之类的。购买汽车还需要鼓励还是急需扩大内需。

答：增长不等于发展。我们要有质量的发展，而不要无质量的增长。

麦克D 2015-10-01

问：作为一个从小生活在乡下，并在南京读了5年书的人，深深地感觉到生活在农村的人出行是有多么不便，我家现在还没买汽车，如果要去南通市区，就必须得先骑电瓶车到小海，然后坐公交车，然后再步行一段距离才能到达目的地，遇到下雨天就更显得麻烦了。我觉得生活在农村购买小汽车是势在必行。

答：你说的对！中国作为一个大国，没有自己的汽车工业是不可想象的。一个现代化的国家不让百姓"拥车"，也是不可想象的。但是，"拥车"不等于无节制用车。广大的中小城市和农村地区正是适宜小汽车发展和使用的广阔空间。

凌云2015-10-02

问：我在上海，和我老婆以后不准备买车，一个是现在车保养费高（大家懂得），牌照难拍且贵；二是上海地铁和公交系统比较完善，（目前13条线？），最后三千米问题也随着专车、拼车的出现渐现曙光；三是租车平台发达，各种优惠，像我们这种上班族节假日才真正需要用车，租个车一年更划算。

答：完全赞成！我们需要大力发展公共交通，完善交通基建，改善交通管理，也需要更多的交通理性认知和理性消费！谢谢您！

探索2016-02-11

问：以前是火车挤，后来是高铁一票难求，现在是高速公路堵，汽车发展是一个国家进步的标志，但是诸如路怒司机，城市公路发展明显跟不上汽车保有量，还有很多小刮小蹭就要占道占半天，无处停车等汽车病，是不是必须经历的病痛？

答：您的分析和判断基本正确。国际城市交通发展有许多成功的经验，也有许多失败的教训！作为专业人士，我们希望政府、社会、公众都能更加理性认识城市交通的正确方向，作出更加理性的选择决策！

4 城市交通管理

如何看待城市交通管理措施中存在的问题？

被坦率突突至死2015-11-04

问：您好杨先生，想请问您怎么看待突击式的交通管理，我生活的城市并不甚发达，只有在上级检查的时候才会集中在超市和人群集中的地方用贴条等形式管理交通，这让我感到很疑惑，一来让我觉得政府监管不到位，二来只有在检查的时候才管，让人难以理解，请问您怎么看待这个问题？

答：你触到我们交通工程专业的痛点啦！城市化、机动化的持续快速推进，引发的各大中小城市交通问题日益突出，拥堵、事故、污染等等。可是我国的交通工程专业至今还不是法定的职业。很多城市的交通管理一直处于头痛医头，脚痛医脚，拍脑袋靠人治的粗放式管理。要改善交通，先得改良制度。

王磊2016-11-25

问：请问在三线以下的城市老城区，长久存在机动车、摩托、电动混行争抢路权的问题，而老城区街道又无法满足划定专用线的情况下，如何妥善解决各类出行方式的有序运行。

答：请更多参考欧洲、日本以及我国香港等先进案例。老城区应当是绿色交通主导区，严格限制个体机动交通在老城区行与停。

从小卖蒸馍201502 2016-06-15

问：往往是交警一上路执勤，及时纠正违章，道路的畅通就要好很多，不应老是守住电脑，蹲在办公室工作。

答：此论不完全认同。交通秩序和安全主要靠法治，法治不完全依赖交警靠体力现场指挥执法，更重要的是依赖公民文明交通意识的提升和自觉守法，靠法治的严肃和威慑，让公民不敢违法，不值得违法。还有依靠科技手段辅助监控和执法。

shadows 2016-08-10

问：你的观点不完全认同，首先法治观点我完全认同，但是马路上同样存在一些因法治而同样违规的车辆依然存在，那么那些违规违法的车辆每天都那么多并侵害着我们这些不违规违法的车辆。是不是在法治社会的基础上进行人为适当疏导及劝解呢！

答：这个我完全赞成！法治也好、法制也好，如果不能严格执行，那就比没有法还糟糕！

六伯乐2015-10-06

问：建议车辆分类，总共三大类，客车、货车、特种专用车。每类车以车辆特征值再细分，车辆特征值是考虑车型大小体积与发动机排量和功率、扭矩等关系的一个综合函数值，可以成为征税、保险、过路过桥收费等的指标值，也是绿色环保的一个重要参数，从而遏制大车、大排量，小马拉大车等现象。

答：现行分类方法大致也是如此。

六伯乐2015-10-06

问：公安对驾照和车辆管理仍然在沿用20世纪五六十年代形成的管理思路和模式，这大大落后了，不适应了！应将驾照管理与车辆管理区分为两个部门管，当然这是公安内部分工问题，但驾照是人啊，人怎么由车辆管理所管呢？

答：适时调整。

天地求索2015-10-06

问：目前，很多城市红绿灯设置不够合理，有时开车会连续遇到五六个红灯。建议红灯控制系统能做到亮下一个红灯与亮上一个红灯之间有时间差，具体数值就是两者之间的距离除以正常车速。这样等到一个绿灯后，后面几乎就是一路绿灯。此外，车流量较少的路口不必设置红灯，尽量设置黄色闪烁灯，以提升通行效率。

答：这种技术叫线控系统，也称绿波控制系统。在欧美日先进国家早已普遍推广。我们南京也在10多年前就在中山路、中央路、北京东路、北京西路、中山东路等主干路上实施了绿波系统控制。好的绿波控制有可能使道路交通通行效率提高20%，甚至30%以上，绝对是少花钱多办事的好举措！

zzphtx2015-10-06

问：我在进行交通需求管理研究，发现交通拥堵的问题，不是城市规划交通规划造成的，由于职住不平衡的问题产生潮汐现象。解决职住平衡的问题，只能在居住和就业问题上思考。冯仑的立体之城理念就是这方面尝试。可是"职"弹性，住房市场化的政策决定了永远不可能职住平衡对吗？产城融合只是规划人纸上谈兵？

答：你说的基本正确。绝对意义上的职居平衡根本不存在不可能。相对而言，以

20平方千米以上的城市组团、新区、新城，规划之初就需要考虑适度职居平衡。而真正有意义的是围绕公交走廊努力实现职居平衡。

通的口香糖2015-10-12

问：请问地方政府是否可以允许城管人员查处违停车辆？

答：应该可以。南京城管与交管在路内停车管理的分工是后者（交管）管主次干路，城管管其余道路。

菜喻2016-01-01

问：在三岔口或者十字路口，人行道绿灯亮了时，法规为什么允许左拐或者右拐车辆穿过人行道，另外很多时候在过无红绿灯的斑马线时，你很难"闭着眼睛"直接走过去，车基本就不想让行人。

答：效率与公平两者都是相对的，不是绝对的，需要相对平衡。为了平衡交通的线路与公平，我们很难做到交叉口不同交通方式路权绝对分离。但是，文明社会人人都应该守则、礼让、包容。交通规则规定有明确红绿灯通行权的按红绿灯通行权通行；在混合通行权情况下，机动车必须给行人和非机动车主动让行。开车者和行人都必须遵守交通规则，在交叉口转弯机动车应当主动给过街的行人、自行车让行。

人间喜剧2016-04-11

问：我们单位跟宿舍区只隔一条马路，步行不超过十分钟，然而很多同事开车上下班

答：解决问题的办法有很多，但是，最基本的办法是要让国人知道开车不是为了显摆，开车更不能任性！为什么？因为车不过是一种交通工具，而且其危险性远高于步行、自行车！开车可以用于商务、应急、购物、探亲、访友、休闲、旅游等，但不宜用来每天通勤。为什么？因为天天开车通勤于人于己都不利。于自己而言，对健康不利、对经济不利、增加安全风险；于他人、于城市而言，增加交通拥堵、环境污染、能源消耗、事故风险等。在我国城市居民出行方式结构中，步行、自行车、公交等绿色交通出行占了70%～80%

（其中步行自行车占40%~50%），甚至更高；小汽车出行只占20%~30%，甚至更低。但是，城市道路空间和时间分配中，机动车道却占60%~80%，再加上日益增加的路内停车占用，机动车占据了绝对路权主导，甚至垄断地位！这是典型的本末倒置的车本位主义！尤其在我国这样的人口大国、资源小国、环境弱国，如此严重的车本位观念和做法是亟待纠正的！

zzzzzzzz2016-04-08

问：现在"我国"的交通秩序如此混乱，是经济发展太快的因素，还是因为交通管理部门疏于管理呢？从国外回来的人，最不习惯的就是过马路，走人行横道很多车完全不让，而且看见行人故意加速按喇叭。老师觉得我们应该对我国的交通环境建设保持信心么？

答：交通秩序混乱就如闯红灯的根源一样，相当复杂！可以说与我国整体经济社会文化发展阶段、社会制度、法治建设、文化教育、交通文明等都有关系。最重要的是发展阶段、法治建设和文明教育。这些都是需要长时间渐进改良的。中国国家治理现代化也是长期的过程和目标。

jurassic 2016-05-11

说：现在搞了多年的平安城市了，各个路口基本上都有监控了，交警没必要在路口执勤，要对所管辖路段机动执勤（也就是带着执法仪扫马路），这样在途的违法现象就会大大减少。

zzzzzzzz 2016-04-12

说：国家确实应该认真治理了，且不说比欧美国家、日本和澳大利亚，就是与中亚、北非和南美一些比中国还穷的国家相比，我们的交通环境交通意识也还是比较差。

zzzzzzzz2016-04-08

问：请问杨老师，红灯允许机动车右转这条规定在城市里是否不合理呢？在我国红灯右转车辆基本没有尊重已放行行人的优先权的意识，给行人过马路带来极大不便，国家是否有考虑过废止这种规定呢？以前深圳是禁止红灯右转的，是什么因素使得深圳市在去年开始允许红灯右转呢？

答：这个问题提得很好！这是当今中国城市交通管理中非常普遍的一个问题。我赞成从法律法规上应当明确要求交叉口右转机动车必须给过街行人让行，违者必须处罚！

xhbzb2015-10-09

问：杨院长好，现在交警成了道路神，哪儿设路障了，无需征求谁的意见，道路上今天限速60，明天换块牌子就成了限速40，这些，我觉得应当听取公民意见。还有，探头遍布中国，您的任何行踪均被录影，老师，您咋说？

答：自从您用上了手机，您其实已经开始裸奔。很多地方的交警有时确实会任性，但任性的不仅仅是交警，建设部门、城管部门有时也会任性，更大的领导有时任性起来更没有办法。不过我还是要为南京交警点赞，从七五计划以来，南京交管部门始终坚持以科技管理交通为主导，引进吸收和自主创新了很多科学管理交通的软硬件措施，取得了良好效果，为全国交警树立了榜样。尽管如此，南京交通管理确实存在很多值得改进和提升的空间。对于您认为有问题需要改进的地方可以直接向交警部门反映。

自迩2015-12-20

问：您好，我曾经看过余秋雨写的一篇文章，里面提到了在台湾某高速路口（我记得是）看到一提示牌，上面简单写了"惜福"二字，这对我的感触极大！大陆能否也在高速上、危险路段等地也标记上相同或类似的标语？（可以让语言学家来想词语的啊）惜福、惜家之类的，我觉得标语嘛，往往越简单带给人的震撼越大！

答：大中华都有类似习惯偏好。我们的马路上也不乏类似提示警示标志。只不过我们的处罚力度太轻、执法力度太软，法律形同虚设儿戏，以致交通违章违法泛滥，多少生命财产无辜损失消失！

问：您说的对，法律上的约束是硬办法，是最直接有效的。我觉得咱们大陆的警示语似乎已经被免疫了，或者称之为已经麻痹了，换种风格的警示语会不会好些？另外，我觉得惜福这种风格的警示语，特别对高文化程度的人来说效果应该会比较好。

洛祺祺祺2016-03-08

问：请问可以具体谈一下综合治理源头治理吗？众多学者都认为鼓励公共交通，绿色出行；发展环保车，提高中国汽车行业的标准等等。很多道理都有所耳闻，可现实的情况为什么并不理想？是规则的制定不科学？执行不到位？还是缺乏监管，你认为造成目前普遍交通问题的主要原因是什么？

答：所谓源头治理，第一，从交通需求产生的源头、土地利用规划开始，实行交通减量；第二，从交通供应侧的源头开始，交通时空资源向人的可移动性倾斜，减少小汽车依赖；第三，从人的出行行为选择源头开始，倡导并激励绿色出行，通过法治和教育，培养文明交通行为！

galaad2016-05-15

问：见有人提人行横道的问题，以我自己的经历，就是中亚各国、北非阿尔及利亚、摩洛哥的司机都能做到为行人让出人行横道，中国再穷再落后，也总该赶上非洲人的文明水平吧。而现实是在大城市无论什么地方五分钟听见的汽车喇叭声比欧美国家一年听到的都多。中国到了必须要建立交通文明的时候了。

答：的确如此。我们呼唤法治交通、文明交通。

北海巨妖2016-05-17

问：为什么外国市区内的人行道几年下来反占据部分车行道（即人行道加大，车行道缩小），而中国则不断扩大车行道，还要取消电动车来扩大车行道？是思想需求上不同，还是其他原因？

答：人们的一般认识都是逐步深入，逐步提高的。您指出的问题的确很关键、很要害！中国的基本国情是人多地少资源紧，城市交通必须走集约、高效、绿色、低碳之路。路权合理划分是关键中的关键。我们很多城市现在还在做着汽车梦，还在想方设法为小汽车提供各种便利，且不惜损害公交、步行、自行车交通权益。这是很错误很危险的！

晨曦2016-05-22

问：请问在没有红绿灯的十字路口，有直行次干道让行直行主干道车辆的规定吗？如果两车速度都不快，因为察觉晚在这样的十字路口发生轻微碰撞，责任怎么划分？

答：我国交规这么定，似乎很精细、很科学，但实际操作有很大问题，大部分司机记不住如此复杂的规则，甚至根本不知道也不理解这样的规则！而在国外无信号交叉口大多设置停车标志（stop），所有车辆进入交叉口前在停车线前停至少3秒，确认安全才启动通过。如果是让路标志，是次路车辆让主路车辆，次路车辆必须减速慢行，确认安全才能通过。这样的规则简单明了，实际效果比我们的看似精细化规则科学实用。俞警官您认为呢？

俞晖2016-05-23

说：这是个好问题，在没有交通信号，包括让牌、停牌等，采取右侧先行原则。①双方都直行，让右侧来车先走。②一方直行一方转弯，转弯要让直行。③对向行驶，一方左转、一方右转，右转让左转。

5 交通拥堵治理

交通拥堵症结及解决方案探析

尹豆豆2016-03-15

问：您好，杨老师，我认为电动车并不是城市交通拥堵症结，反而是汽车才是最主要的原因，你怎么看？

答：对的。无节制的汽车滥用是交通拥堵的最主要症结。电动自行车的主要问题是安全和秩序问题，与拥堵关系不大。

饕餮2016-02-01

问：您认为最好的解决拥堵问题的方法是什么？

答：源头治理、综合治理、标本兼治。

长安2016-08-25

问：您好，请问一下，我国道路拥堵问题究竟是车多地少引起的还是城市
　　规划引起的？

答：交通拥堵是经济社会发展、交通供需矛盾等多重因素共同作用的结
　　果。交通拥堵是现代城市的普遍现象。适度的可控的交通拥堵某种程
　　度上是经济繁荣社会活力的象征，不必过于敏感和纠结。中国目前大
　　城市严重交通拥堵主要是我国的城市交通政策，尤其是汽车交通政策
　　失误导致汽车拥车门槛和成本低、用车成本低、违章成本低，同时也
　　是公交不发达、步行自行车交通环境差等共同造成的。不尽快从源头
　　上、系统上转变这样的失误错误，很多城市很可能将面临不得不强制
　　限行、限号的尴尬局面！

小飞沫2016-11-18

说：是城市道路规划走入了怪圈所致，因为地方政府被汽车产业链所主导
　　了路权的分配，路权向汽车使用者倾斜，原先有非机动车道的道路格
　　局，都被蚕食取消拓宽为机动车道。是该还债的时候了，恢复被占据
　　的非机动车道，还两轮的交通工具以安全的使用环境。

小飞沫2016-08-25

说：在多年前，汽车为支柱产业之一的地位赋予后，各地方政府为了多卖汽车，出台各种手段对汽车产业链大干快上，此政策主导下，盲目地以行政手段干预市场去卖汽车（把摩托车禁止上路），这样的做法，能有哪个城市可以满足剧增的汽车数量？如今，汽车已经退出了支柱产业的地位，是该反思汽车盲目剧增的恶果的时候了。

张小明2016-11-25

说：不赞成你的"中国人用车、违章成本低"的观点。和国际相比我们的成本高的多了。之所以拥堵，完全是体制下资源分配不公造成的。人家能在荒漠中建拉斯维加斯，我们要是在新疆西藏大漠中建几个北京、南京，配套几百个北大、南大，再弄上几百个协和医院分散到各地，交通问题一定能解决。

答：各抒己见，欢迎吐槽。中国小汽车拥有成本低、违法成本低是众所周知的。简单搜索可以找到相关数据资料。拥堵根源是资源分配不公。这话很对！关键是小汽车交通占用了太多的道路时空资源，把公交、自行车和步行交通空间挤占到了不可忍受的程度，逼迫更多的人想着开车，使城市交通陷入了恶性循环！

●2015-10-16

问：以堵治堵，会是好方法吗？

答：有意思的命题。城市交通是动态的具有一定自适应性的系统。供需不平衡是绝对的，平衡是相对的。交通拥堵是现代都市永恒的话题。完全不拥堵的城市是不存在的，天天拥堵的城市是不堪忍受的。治理拥堵是需要成本的。一厢情愿希望将城市交通治理到天天畅通的程度，既不现实，也将付出极为巨大的社会成本。适度的拥堵既是现实的合理的，也是城市活力与繁荣的体现。有时交通拥堵只要不超出一定的限度，未必都需要去治理，从这个意义上讲以堵治堵真的还是有意义的。当然从维护城市交通正常秩序、保障道路交通安全和市民宜居生活环境等要求出发，交通拥堵治理又是政府和专业部门、专业人士的日常职责。

sunshine阳的光2016-05-27

问：解决交通拥挤上策是合理多修路，政府引导也很重要，有问题要积极
　　解决，而不是去限制它，甚至禁止它，但是有些地区限号这种很下策
　　的做法，您怎么看？

答：修路并非解决交通拥堵的上策。上策是通过合理的城市规划布局，从源头上
　　减少交通出行的产生，尤其是减少对小汽车出行的依赖。中策是增加交通供
　　给与服务，尤其是公共交通供给与服务；修路只是增加交通供给的一部分。
　　强制性的限牌确实是下策，但在非常时期也可以采取非常措施，以便保持交
　　通供需暂时平衡，交通拥堵不继续恶化，给土地利用调整、公交优先、交通
　　建设争取更多的时间和空间。

洛祺祺祺2016-03-08

问：杨院长，不好意思，我的问题可能有点多。我查阅了高德2015的年度
　　报告，发现最堵城市排行榜上很多二线城市跻身前列，原因有哪些？
　　其次，根据报道，专车成为加剧交通拥堵的重要因素，那么未来对于
　　专车应该如何治理？怎样在保障通行低成本的基础上实现道路顺畅？

答：不但有很多二线城市发生了严重拥堵，而且三线、四线城市，甚至县城、乡
　　镇、农村都出现严重拥堵！一方面是小汽车快速普及和无节制滥用，另一方
　　面交通科学理念、技术、人才的贫乏！我判断未来的5~10年中国的交通问题
　　必将更加恶化！专车规范、治理势在必行！

清风乱翻书2016-03-04

问：杨院长，您好，目前地方治堵工作的重点是环境污染，还是两者兼
　　顾？从限牌政策出台的时间来看，大都是在国家层面的大气污染政策
　　出台或者地方雾霾事件发生以后。这样看来是不是更多为了大气污染
　　治理考虑呢？

答：对的。治堵不能单单为治堵而治堵，治堵的重点目标应该是改善公交、步行、

自行车等绿色出行的条件和服务；改善空气质量和人居环境！

西北2015-12-05

问：杨先生您好，您觉得推行公共自行车对缓解拥堵效果如何？公共自行车杭州这边相当普遍也很方便，为什么南京不实行？（南京个别地方有一些很老很旧的，但感觉完全已经不能用了）

答：公共自行车主要目的和作用：一是方便公交、地铁乘客两端可达；二是方便商业、旅游等地区购物、观光；三是方便无自行车访客和市民3千米以内的中短程临时出行。其附带作用是减少广大市民、访客对小汽车出行的依赖，从而减缓交通拥堵。

nico_Jun2016-03-08

问：城市快速路的建设大大提高了车辆的区域快速通行能力，但是随着汽车保有量的不断上升，快速路每天上下高峰变成了蜗牛路，特别是匝道，有时是完全堵死的状态。匝道口设计是个问题，杨董怎么看？

答：快速路拥堵是有匝道设置和设计不当的原因，但不是主要原因。主要原因还是小汽车无节制滥用！

时和景泰2016-01-03

问：小城市都开始堵了，何况大城市。

答：在对汽车拥有和使用缺乏理性有效的引导、管控和对土地利用、交通体系缺乏科学的规划、设计、建设、管理的情形下，出现你说的现象是完全可能的，而且已经在各地蔓延开来，而且还会日趋严重！

洛祺祺祺2016-03-05

问：杨院长您好，在您看来现有老城区的道路交通规划应如何解决拥堵问题，尤其是在土地利用方面？

答：老城区的治堵其实要害是以堵治堵！也就是说，限制老城区的车速、限制老城区的停车供应，提升老城区公交服务能力和水平，改善老城区步行、自行车出行条件与环境，最大限度降低老城区内对个体机动车出行的依赖。

天空蓝2016-01-02

问：上下班高峰太拥挤了，怎么管？

答：优先发展公共交通、倡导鼓励绿色交通、引导限制小汽车交通；管理好道路交通时空资源，积极推动法治交通、文明交通、科技交通、智慧交通。

反正我无所谓2016-01-21

问：现在很多城市为缓解交通把自行车道，行人道挤占，造成骑车和行人的极大不便，他们的权力怎么保障？

答：我正在参加欧盟交通运输总局组织的中欧可持续交通合作议程之法国、荷兰以及欧盟总部城市交通考察。两天来考察印象最深的是荷兰这个真正的自行车王国，城市道路空间划分、规划设计、交通管制等充分体现了步行、自行车友好的理念与落实！中国的城市交通拥堵治理应当尽快跳出花钱造路、越造越堵，再强权限牌、限行的怪圈，回归到对城市时空路权重新划分，真正体现公交优先、步行自行车友好的正确轨道上来。

大娱乐家2016-01-21

问：在非主干道，甚是有些主干道上，车辆非法乱停的现象屡禁不止，而且基本没人查，查也仅仅贴张罚单，尤其二三线城市特别严重，有没有相关政策做到不再出现这样的情况？如果支路畅通，相信会缓解很大部分的道路拥堵压力。

答：你说的很对！我们的交管、城管不知领了薪水如何对得起供养他们的纳税人？

時和景泰2015-12-23

问：哪个国家治堵有经验？

答：要问最值得学习的治堵经验城市在哪里？最值得我们学习的城市就在我们身边！有的是我们国家的城市，有的是我们的邻居国家城市。国情、市情都很相似，只是体制不同而已！他们是：香港、台北，新加坡、首尔。最关键的三条经验是：公交优先下的道路资源分配与管理；适度的轨道交通支撑与引导；以经济和技术杠杆为主的小汽车拥有与使用的管控。

小飞沫2016-01-07

说：除了杨代表的分析外，更重要的一点，全球除了我国内地的城市之外，没有任何地方是禁止摩托车上路的。人家不对摩托车歧视，用市场自我调节来使用汽车，例如我国香港使用汽车的代价高昂，就使得市民使用公共交通工具为主，反观我们，鼓励买汽车，把汽车消费当成拉动内需来用行政手段扶持。恢复城市的摩托车上路，用市场自我调节手段来应对道路堵塞，才是正路。

四明凡人2016-03-18

问：现在城市拥堵问题非常突出，已成为城市第一顽疾，要把城市治堵作为城市发展的第一大问题来研究，否则中国的城市发展没有出路，请问杨教授主要要抓些什么？

答：用去年我在北京交通委专家咨询会的发言摘录回答你的问题：

（1）完善公交体系，提升公交服务

面向速度目标方面，建设轨道快线，提升公交路权；

面向能力目标方面，针对地铁公交拥挤线路，建设复合大容量公交走廊；

面向服务目标方面，改善公交换乘，推动互联网+等新技术推广，扩大多元化高品质公交服务。

（2）再分配道路交通时空资源，有效管理道路交通

把更多道路交通资源归还给步行、自行车和公共交通；

大幅度提升公交专用道网络，使其覆盖大部分快速路和干路网，考虑将公交专用道与应急保障车道融合；

清理路内停车；

提高小汽车使用成本，包括提高停车费，收取拥堵费、排污费等。

6 停车治理对策

停车治理对策

六伯乐2015-10-06

说：城市里的车辆管理是一个系统工程，上海有很好的经验。一是从现在
开始，没有足够的停车场，不得建设大型商场和住宅区，不再提倡沿
街店铺，组织商业区与停车场配套，有停车场才能有商业，绝不能把
车停路上，占用通行资源。二是道路资源充分利用，公交车道仅是时
段性的，红绿灯时间间隔要科学，以保畅通为主。

答：有道理。

zzphtx2015-10-21

问：晚上小区停车位不够，可是商业区办公区晚上地下车位空闲，杨院长
怎么解决这个世界性问题。

答：这个难题还是要从建筑物停车配建标准及其有效执行、购车必须先有车位这
样的源头抓起！不过即使如此，历史积淀下来的停车供求矛盾和时空分布不
均矛盾要完全化解，几乎不可能，也没有必要！从某种意义上说，必要的停
车难正是引导或迫使人们改变小汽车出行依赖的前提。过于宽松的小汽车出
行环境反而会刺激小汽车的增长和使用！

亦若回流川2015-10-06

问：政府利用慢车道画线收取巨额停车费，道路属于谁？谁有资格收取路
边的停车费？这些停车费是否有审计核算？停车费的用途及去向？

答：①路内停车位设置应当以不影响步行自行车安全通行为前提；②路内停车设
置也需要详细调研、统筹规划、精心设计；③路内停车位设置和设计必须通
过交通安全审计评估；④因路内停车位设置和设计不当造成交通事故的，应
追究路内停车位设置设计的部门与单位责任。

Xinshui Yan2015-10-07

问：北京的停车管理简直是错乱。停车场高收费，非停车位就贴条，500
万车，150万停车位，余下车不能停，停就是违规该罚，这是什么管
理？这是什么法？逼得有车必须上路，这到底是什么政策导向？

答：北京的汽车发展政策从一开始就犯了严重方向性错误，时至今日，积重难返！现在指望就汽车交通论来治理北京的行车难、停车难已经基本无解。北京交通发展未来的希望还在于城市功能布局的优化、公共交通的提升改善、步行自行车交通的有效保障和小汽车交通的有效调控与理性消费使用。

Xinshui Yan2015-10-14

问：北京市有500多万辆车，仅有车位100余万，根据交通法规这剩下的300多万辆车只要停车就是违法，就要被罚，这不是恶法吗？

问：协警按路片区包干，天天完成定额任务出去贴条，无论车停在多么不碍事的偏僻角落都属违法被贴罚单，逼得车辆尽量上路别停车，这不是加剧了空气污染吗？这么管理是脑残吧！

答：您好！首先您提到的北京市机动车停车位数据，违章停车数据，我可以负责任地判断和回答，这两个关键数据是不实的！我院11年前有幸受北京交通委员会委托，与北京交通研究中心、北京市市政局等合作，开展了一次全覆盖的几乎是地毯式的停车调查，当时北京汽车保有量刚突破100万，达到108万，总的停车需求大约130余万个，实际的停车供应110多万个，其中路外80万左右，路内30万左右，违章停车估计不到20万。目前北京是汽车保有量突破500万辆。尽管我手头没有最新北京停车调查资料，但以我专业的经验特别是10年前对北京停车调查的经验，北京目前的实际路外停车位至少在450万以上，路内停车估计在50万~80万，实际违章停车也许在30万左右（以上估计肯定有误差，但肯定比您给出的数据要接近真实很多）。您说的因为大量贴违停罚单而导致拥堵污染加剧，我就不能理解和认同了！

无名氏2016-03-28

问：请问关于城市车多停车位少，随意停车会被贴罚单，一些城市用收费停车场代替免费停车位，这种现象你怎么看？应当如何解决？

答：好事。以收费停车场代替免费停车场是应该的。拥车者用车者必须记住，停车缴费天经地义，没有人有义务必须提供免费停车。除非商家店家拉拢你去消费，那也是看中你口袋里的钱。天下没有那么多免费午餐！

问：支持停车场收费，而且要提高城区停车收费标准，并且是费率是递进的，停的时间越长，费率越高！

答：赞成！

yzdtz8882016-04-16

问：杨院长：城市小车增长很快，停车难成常态，地铁站中建停车场应当能缓解城市停车难的问题吧，且比建其他形式的停车场节约占地。

答：不能一概而论。在一些郊区地铁车站附近建设适量停车场吸引小汽车换乘地铁，即所谓P+R停车场，是有利于缓解中心区交通拥堵。但在市区内地铁车站就不宜建停车场。

绿幽灵2016-12-08

问：买车不是问题，买来停哪里是大问题。老旧小区建设的时候都没设计停车场，只能见缝插针。

答：这是世界难题。欧洲经验值得学习。

沧海一声笑2016-05-22

问：杨院长，现在发改委放开了住宅小区地下车位价格管制，要求开发商和业主协商确定价格，但是很多小区开发商单方面涨价，甚至只卖不租，而业主处在弱势一方，没什么办法应对。造成了局面是很多小区周边路内停满了车辆，而小区地下车库却空置的双输现象。您怎么看这种现象，有什么办法来解决这个问题吗？

答：第一，国家发改委应该首先出台并强制执行购车必须有位的政策；第二，赞成停车走产业化、市场化的政策；第三，如果是夜间路内停车不影响交通安全，不影响日间交通运行，那不必完全封杀。

7 假日免费通行

如何看待节假日高速公路免费通行措施？以及如何缓堵？

顾啸涛2015-10-02

问：对于长假高速公路免费，结果造成高速公路拥堵，到底是经济重要还是交通重要？杨老师怎么看？另外发现长假期间高速公路拥堵时，地面道路，尤其是一些国道却很畅通，为什么会这样？怎样解决这种信息不对称呢？

答：对于高速公路假日小汽车免费通行，看似政府一项爱民惠民举措，其实未必是一项公平公正的理性措施。我从该政策一出台就吐槽反对！不公平，在于该政策只惠及了小汽车使用者，而没有惠及更需要更应该惠及的公共交通乘客与企业！不公正，反映了会哭的孩子有奶吃，小汽车主话语权过于强势，政府对小汽车交通过于偏袒！非理性，是说政府不恰当地迎合小汽车使用者方面的非理性消费需求，实际是纵容了小汽车的无节制消费使用！其后果对于中国这样的人口疆域大国、土地能源资源小国、环境生态弱国而言，是极

为令人担忧甚至恐怖的！越演越烈的举国性的黄金周高速公路大拥堵，十分有力地证明了这个政策非但对于国家整体利益而言是非理性的，对于全体民众而言是不公平不公正的，不仅对于广大的小汽车使用者而言并没有带来预想中的好处，很多人还饱受长时间拥堵造成的烦恼痛苦和伤害！至于你说到的地面道路资源空闲和浪费问题，这不是与上面问题在同一层次上的问题。由于高速公路与地面道路在运行速度、行驶稳定性、舒适性、安全性、可靠性等多方面的巨大差异，在高速公路免费通行条件下，除非强制封闭匝道进行强制分流，否则司机绝不可能主动选择地面道路行驶！而高速公路又是全封闭系统，一旦进入高速公路，非经过立交匝道，就不可能驶出高速公路！这就是为什么一旦高速公路交通流量出现超饱和状态，就会很快形成大范围长距离长时间拥堵的原因！

飞扬2015-10-02

问：杨院长你好，能不能提议提高平时小轿车的通行费，降低货运汽车和大客车的通行费，一是降低物流成本，二是能提高公共出行意识？也不会影响高速公路的收益情况，而是把重点放在调整收费结构上。

答：同意您的后半段建议，即降低大客车和货车通行费，以减轻乘客和企业负担，鼓励公交出行。但常态化普遍提高小车通行费不妥。高速公路收取通行费是为了还贷，是阶段性的。从长期看，高速公路应当是免费开放通行的。高速公路收费都是有预约合同期的。合同期满，就应当免费开放。当然，为了运用收费手段调节交通需求，在特定的时空区域路段收费也是可能的。

小狐2015-10-01

问：@龙行天下 每个黄金周长假高速公路变成露天停车场，说明假日高速
公路小车免费政策从头就错了！是该作调整的时候了。应该恢复小汽
车不免费，5人以上大巴车、中巴车免费。大家说是吗？为什么？

答：我看行！

NE的小伙儿2015-10-03

问：节假日高速免费在一定程度上的确加重了公路负担，但这绝对不是主
要问题，即使不免费交通也好不到哪里去。现在人们生活好了，汽车
是必需品，一年到头只有这几个假期，谁会计较过路费和油费？谁能
保证我想去任何地方都有公交车哪怕是出租车。根本问题还是在道路
建设和人口密度方面，您同意我的观点吗？

答：有一定道理。长假高速公路拥堵原因其实是比较复杂的组合因素。政府方面，
需要从多方面入手，进行综合治理。民众方面，也要事前统筹，理性选择合
适时机及合适方式出行。

CD路人甲AB2015-10-04

问：全国以城市为单位，最大分四批（间隔1~2天）或分两批（间隔4天），
错时放假，可以削减40%流量。当分四批时，所有相邻的城市都是错
开的放假时间（地图四色原理）。所有单位保持至少25%的值班规模，
这样那些确实希望和邻市亲朋结伴者可以自行申请调整自己的时间，
正常与邻市的业务往来也可维持。

答：这个想法愿望是好的，可以理解。但此建议有点把问题简单化了。既然是全
国法定假日，要么是列祖列宗留下的文化习俗规矩，要么是开山立国之大事，
都绝无可能因交通拥堵而更改，更无可能不同地区轮流错时。

CD路人甲AB 2015-10-05

问：鼓励公共交通工具、抑制低效的私家车，确实可行。但一是考虑到我

们的人口，这个见效的幅度不会太大；二是大家就是因为受够了低劣的公共交通服务，才宁愿堵在路上也要开私家车；三是改善公共服务远非一两年之功，投入大、见效慢。如今的现实，已远非历史上任何阶段可比，人口、出行的能力和愿望，必须跳出原先的框框架架，大胆进行突破性的改变，比如这种强制性的错时放假。

答：您分析得很有道理！治理中国的交通问题任重道远，必须多管齐下，持之以恒，方可逐步缓解！

Jerry2015-10-04

问：大家都说过节免费政策错了，其实有多少车主是为了免费而扎堆呢？如果天天都免费，就像天天过节一样，就不扎堆塞车啦。支持的请举手！

答：缓解假日交通拥堵，唯有政府正确有序引导疏导，民众理性选择、遵章守纪，各方多管齐下方可期冀有所收效。不过，以中国如此人口大国，如此亲情关爱传统，并日趋富裕化机动化普及，假日交通拥堵常态化几乎是必然趋势。在此前提下，改变假日小汽车免费大巴收费这种本末倒置政策，是引导公众假日出行方式理性选择的有效政策之一，另一方面也需要加快重点交通走廊的城际铁路建设。

天地求索2015-10-05

问：据了解，每年假期总计约107天，能否建议相关部门制定弹性休假制度，即在107天范围内，每名休假人员在日常工作尽量不受影响的前提下，根据自身意愿和单位实际情况进行个性化休假安排，很有可能避免扎堆出游现象的发生，也真正能让大家享受到休假的快乐！

答：这个建议不错，如果被采纳实施，可以在一定程度上缓解长假客流过于集中、交通设施过饱和的压力，从而也可以减少旅客因拥堵造成的时间损失，还可以减少因道路交通繁忙集中造成的交通事故和损失。本建议可供政府有关部门研究细化后，先试点再推广。

Tyrion2015-10-05

问：其实大多数拥堵都是在服务区，服务区容量有限，当有进入服务区需求的车辆大于服务区容量时，更多的车只有拥堵在服务区入口，占据车道，造成拥堵。提高服务区容量或者引导有需求车辆进入下一个服务区哪个方法更可行？

答：高速公路拥堵主要发生源有以下几种情形（地点）：收费站、出入匝道、隧道或桥梁上下坡道等。平时高速公路拥堵可能局限于局部路段或节点，较多出现的是收费站，原因是收费口数量不够，需要适时对收费口扩容。还有就是出入口匝道处，通常是出口匝道衔接的地面道路疏解能力不够，导致拥堵回流到高速公路主线。隧道和桥梁上下坡道拥堵往往是坡度、光线、防滑、标志等多重不利因素综合作用导致的。而类似黄金周这样的浪潮式交通流会引起的上述各种拥堵因素叠加形成大面积长时间拥堵。靠单一的疏解缓堵措施是很难奏效的。

刘宸宇2015-10-05

问：如果在国庆这样的长假，客车上高速免费，并且要求客车的票价比以往略低。而私家5座以下的小轿车根据单双号按日期进行限免，是否可以对拥堵起到一定的缓解，并且也让大家可以理性选择出行工具。

答：前者我赞成，后者不可行。

胡兴国2015-10-05

问：能不能把高速免费政策分摊在平时，每辆车每年外出可以享受多少天的免费，在车辆行驶证中予以记载登记！结合公休假政策，实施！

答：从长远看，高速公路迟早要全免费的。

刘东悦2015-10-06

问：交通拥堵很大原因一是驾驶员素质和技术不高，不守规定、该走走不了，该快走不快走；二是许多路段限速太低造成的。好好的路，为了不在本地发生安全事故，竟然限速80千米/小时，不可理解，比如，张石高速张家口段。前几年，去大同云冈的道路限速40千米/小时，造成拥堵，其实那条路很好走，限速完全可以调整为70千米/小时。

答：您说的这两点确实都是影响道路通行效率导致交通拥堵的重要原因！前者与我们的交通执法不严、文明交通宣传教育不力有关！后者与相关部门怕事故追责，宁愿过度限速。殊不知，过度限速不但影响道路通行效率，而且很可能反而造成事故率增加！今天最新消息，福建高速公路最高限速放宽到120千米/小时，值得肯定值得点赞！

1212015-10-06

问：谁能解决中国堵车？经济渗入进入才行！

答：经济杠杆是治理交通拥堵的有效策略之一。

王卫杰2015-10-06

问：杨老师，您好！我想了解一下现在城市规划、交通管理等方面的政策决策过程是怎样的？比如假日高速免费政策。我认为每一项公共政策的制定应该程序合理、科学，做到事前、事后评估。作为交通专业人士有义务帮助政府更加科学地制定公共政策。

答：我们国家目前对于交通基础设施建设有相对完整比较明确的前期研究与决策程序，包括要以国民经济发展规划、城市总体规划、综合交通规划、交通专项规划和建设规划等为依据，然后进行项目建议书、工程预可研、工程可研等编制、评估、论证、审批等。但是对于政策性决策，目前还很不规范。这正是十八大和三中四中全会提出国家治理现代化要解决的重大课题！

修身齐家2015-10-07

问：高速公路收费一方面造成严重拥堵，事故高发，益发成为严重的公共问题，导致国民节假日幸福指数狂低，一方面严重提升了企业运行成本，导致企业对国外的竞争力下降，交通反而愈发成为经济发展的限制因素，建议开源节流，通过税收、捐款、交通彩票等，筹措成立专项基金，尽快降低或全部取消收费，助推发展。

答：高速公路收费迟早是要取消的。

小钟2015-10-07

问：杨先生你好，如何理解交通运输部《收费公路管理条例》修订稿向社会征求意见，提及高速公路按照"用路者付费"的原则？其中将原有的20年收费期延长至30年。这与杨先生提及的高速公路免费趋势相左，尤其是对于一些已经还贷完毕的高速仍然坚持收费，可以理解为是相关利益团体对公众利益的一种绑架么？

答："用路者付费"原则并没有错。关键是以什么形式支付？按什么标准和原则付费？过去我们是通过养路费形式支付的，养路费专款用于公路维修养护。这种封闭式专款专用保证了公路维修养护资金的充足来源，但也存在巨大的监管漏洞和隐患。而且，养路费由公路部门收取，而70%的交通量集中在城市，城市道路却得不到公路养护费的支持，更不用说城市公交，更得不到支持。更悲催的是公交车却要交城市维护费。现在养路费取消改成了燃油税。高速公路收取的通行费与养路费、燃油税的目的和用途都是不同的，是用于高速公路贷款建设投资偿还的。将用路者付费作为延长高速公路收费的理由我个人认为是不成立的！

修身齐家2015-10-07

说：南京由于拥有四座大桥，一条隧道，两条地铁，在应对本次国庆免费时，相比苏州、无锡、常州、镇江分别只有一条过江通道，表现太好了！苏通大桥、江阴大桥在高峰时段基本全天拥堵！一个上海的朋友到扬州竟然花费了13小时！到地后倒头就睡！让我们南京人在上海、苏锡常面前很有幸福感！谢谢杨院长等！

答：谢谢！

天水麒麟儿2015-10-08

说：免费政策初衷是缓解收费站拥堵，分流公共客运，目前情况来看车流量和事故量增大，并成了新的堵点，免费政策是时候谢幕了。我认为，随着用车平台的兴起，覆盖面和灵活性的问题已大大改善；ETC也已完成全国联网，接下来应当大力推进使用率，增加ETC道口占比，最终恢复收费，完成新一轮排堵分流。

答：不错，赞同！

8 交通问题科普

交通问题科普

初入茅庐2015-10-02

问：专家们的建议是不是很容易被管理层搁置？不到万不得已是懒得去改
　　变的？

答：绝大部分政府还是愿意听取并采纳专家合理化建议的。至少南京是这样的。

暮枫MF2015-10-05

问：为什么领导层要干预具体事务，比如我们合肥政务区路那么窄，人
　　口却很密集，就是因为说修立交不好看，天天堵，修高架一到老市区
　　经过市xx省xx的就中断，拆老百姓的那么简单，为什么拆政府的那么
　　难，老大楼搬走了还占着地皮，我们国家的交通问题很大程度与高层
　　有关，管得太宽！

答：您反映的这个问题，我没有到现场了解具体情况，不便对您的问题给出针对
性的明确答案。不过，交通拥堵原因相当复杂，修建立交可能在一定时期起
到一定缓解拥堵的效果，但也完全可能适得其反。我对合肥城市还算有所了
解，如果可能，您可以把您说的拥堵节点具体位置告诉我，我再进行深入了
解，也许能更有针对性地回答您的问题。

修身齐家2015-10-05

问：请问您回答问题的立场？您的职业职务能保证您客观公正回答问题
吗？对小车收费就能治理拥堵？国外不收费怎么不拥堵？中国老百姓
活的还不够累吗？

答：知我者谓我心忧，不知我者谓我何求。

大叔2015-10-11

问：政府经常都会有这样的问跟答的活动，其实真的很好，正所谓三人行
必有我师，但是当政府真的遇到好的建议时是不是真的会采纳，精研
后采点试行？

答：我个人经验体会证明是这样的！有很多生动案例可以证明。当然，有时候权
力任性作出一些奇葩决策，作为专业人士我们也是很郁闷甚至很心痛的！

插班生在路上2015-10-09

问：我的家乡太原，这几年城市交通有很大的发展，高架桥快速路日新月
　　异，公共交通据说也位列全国前列，还有公共自行车使用率也在全国
　　前列，请问专家这些统计是否属实，另据您的了解以太原的城市交通
　　现状在全国属于什么层次？较好，还是一般，或者落后？谢谢！

答：我虽然去太原机会不多，但对太原交通发展有所了解。我本人和我们院也为
　　太原交通出过绵薄之力。近年来太原在城市交通规划建设和管理上下了不少
　　功夫。综合交通规划分别请了上海北京等高水平团队与本地规划设计单位联
　　合编制，我曾几次参与了太原快速路网和轨道网方案论证咨询，提出了一些
　　合理化建议。我们院5年前通过国际招投标有幸取得了承担世界银行资助项目
　　太原市道路交叉口改善与交通安全设计的任务并圆满完成和有效实施。我们
　　院还承担了太原市地铁2号线工可客流预测研究，已顺利通过专家评审。我本
　　人还在太原晚报发表了小文对太原公交发展提出建议。祝贺太原交通规划建
　　设和公交发展取得明显成效！不过太原的城市交通发展还任重道远，还需继
　　续努力！

Conquest of Paradise2015-10-10

问：郑州小客车总数298万辆，城区400辆每平方公里中部六省第一，全国
　　拥堵指数第三。但政府还在不断搞畅通郑州工程，大建高架快速路，
　　这算不算刺激人们购买家用汽车欲望？

答：对于省会郑州这样的特大城市，规划建设快速路是完全必要的。但快速路主
　　要承担对外交通、过境交通和组团间弹性应急交通快速疏解功能，不能指望
　　快速路承担通勤交通功能。

melony2015-12-17

问：请问，人们更多的使用自行车出行对于一个城市来说到底是好事还是
　　坏事？（就自行车会降低交通效率而言好像不好，可就绿色环保而言
　　又是一件好事）

答：当然是好事！我不认同自行车出行会降低交通效率。只是因为我们的决策、

规划、设计、建设、管理的理念、技术、方法不当，导致了机非混行、秩序混乱，才使交通的运行效率降低！绝非是自行车出行本身会导致交通效率降低。

JustGo2016-01-16

问：现有的交通如何支撑未来城市的发展

答：就中国城市现状的交通体系而言，要支撑未来城市发展，尤其是高质量的发展，还有很大的差距，还有很长的路要走！硬件设施方面，我们的城市道路网体系、公共交通体系、客货枢纽体系都存在结构性、功能性缺陷。就软件建设和服务而言，差距更大。

戴耳机遛狗2016-01-17

问：雾霾会给北京的交通带来什么样的改变？

答：恶性循环！

无名氏2016-01-18

问：1. 请问中国各大中城市政府敢不敢学美国收进城费？您是否认可？

2. 您是否拥护高价停车逼死车主的方式（类似纽约）来缓解交通矛盾？

3. 请问中国的街区形式和block大小是否严重影响了使用高效信号和规划单行道？

4. 请问您眼中Urban-Suburb结构造成的往返通勤是不是一种非常不理想的城市布局？

5. 请问从您看，信号系统是否应该从公安移交给交管部门？

6. 请问您是否认为车多了—路堵了—继续修高架桥，是水多加面，面多加水？

7. 请问如何能让乡下来的领导明白容积率要和人均道路面积匹配，要和城市规划一致？

8. 请问在您接触过的领导中，是否有相当一部分认为路宽了楼高了是好事，而完全没有生活品质的概念？（例如某些领导盖的大办公室房间宽敞到供暖都成问题，他还是很喜欢，因为小时候穷疯了，进了城就猛补偿）

9. 请问在半封闭BRT lane使用信号优先机制这样的低成本简单举措为什么很多地方不用？是领导的问题还是另有原因？

10. 就您掌握的情况来看，有多少城市使用了根据动态流量反馈需求的信号调节机制？

11. 请问您是否认为，车路信息协同如果依靠企去做，一定是死棋一盘，除了骗补贴，没有其他任何结果。

谢谢。

答：感谢您一口气给出了10多条考题！而且都是很有意思的考题！容我慢慢道来：

1. 美国并非每个城市都收取汽车入城费，只有纽约等少数大城市才收取。中国不是没有城市不敢收入城费，北京、上海、广州等不少城市已经在收取入城费。

2. 用提高停车收费，特别是中心区高峰期路内停车高收费，加大小汽车使用成本，引导人们减少小汽车依赖、避免小汽车滥用，是一种行之有效的非行政性调控手段，值得倡导推广！

3. 中国路网密度过低、错位交叉口过多、路网和街区不规整，导致了绿波控制、面控系统、单向交通等先进高效交通控制与组织措施很难在中国城市推广实施，即使勉强实施了，其效果也大打折扣！

4. 以疏解中心区、老城区人口、产业和功能，减轻中心区、老城区交通拥堵、环境污染等城市病为目的，跳出中心城区，建设新城、卫星城，其理论渊源可以追溯到100多年前霍华德提出的田园城市理论和沙里宁提出的有机疏解理论；其实践历程也经历百余年历史。先贤们的理想追求和理论建树是令人敬佩的；但实践案例有成功的，也有失败的。凡成功者，无一不是以优秀的公共交通加步行、自行车系统构成的绿色交通系统为交通支撑和引导，聚散相宜、多心开敞、紧凑高效的城市形态结构，公交导向、功能融合、尺度宜人、慢行友好的土地开发等三方面主要特征同时具备；反之，则必定是失败的。

5. 交通信号设计是否应当从公安交管部门转移到交通部门或者规划建设部门，

其实并不重要。重要的是政府是否将交通工程真正当成一项法定的、必不可少的专业技术，明确必须由交通工程专业人员以法定的执业资格从事包括交通信号设计在内的专业工作，并将他们的成果纳入城市交通规划设计建设管理决策的程序中！只要符合上述要求，交通信号灯设计放在哪个部门都是可以的。

6. 大城市规划建设快速路，主要是保障大城市特大城市必需的过境交通、对外交通、商务应急交通等提供骨架网络支撑条件，而不是用来指望解决城市交通拥堵尤其是高峰期道路交通拥堵的。因此快速路既不能没有，也决不能随意乱建。

7. 这个问题设问本身不太科学。建筑容积率应当依据经法定程序批准的城市规划特别是控制性详细规划确定，但与人均道路面积并没有直接的关联性。建筑容积率与基地周围道路网密度、公交供应服务水平、允许的建筑高度、日照间距等多重因素相关。

8. 你说的这种现象在南京并不明显，但在其他中小城市特别是欠发达的中西部中小城市可能存在。

9. BRT加交叉口信号优先，是保障BRT车辆快速、准时的必备条件。国内大部分已开通BRT的城市都实施了交叉口BRT信号优先，少数中等城市由于当地技术力量薄弱，又没有外脑支援，未能实现交叉口信号优先。

10. 采用动态流量实时反馈信号配时响应调整的目前国内还极少。

11. 我觉得车路协同系统核心技术研发推广应用主要靠科研机构和企业，政府可以给予适当的创新政策与舆论支持。

贾美丽2016-01-28

问：你好，我是山岳型旅游度假区的工作人员，我们这里因气候原因，淡旺季很明显。我们有近200辆中、大巴车，旺季的时候，不够用，淡季的时候都闲置了。请问，有什么好的建议吗？

答：是否可以寻求差异化运输合作伙伴，资源共享，相互填谷削峰，互惠互利。

问：差异化运输合作伙伴，能指引个方向或举例吗？

答：因为不了解您那里的具体情况，很难给出明确的答案。你可以通过网络寻找合适伙伴，如公交公司、汽车租赁公司、长途巴士公司、旅游公司等。

王昀2016-02-02

问：杨院长如何看待春节摩托车返乡？

答：这是农民工的权利和自由，也是农民工的无奈和无助！

四字胖子2016-02-04

问：车联网无人驾驶什么时候能实现？

答：不懈怠、不匆忙。

我本善良2016-02-16

问：您好，我是三线城市河北省沧州市，在我市有一处商业中心当中有
　　一十字枢纽，很有意思的是在这十字路口中有三处在路缘拐弯处竟然
　　有三处机动车进出口，严重影响了正常行驶的路线，逢周末、节假日
　　必堵。请问专家为了商家的利益，而放弃了公众的行路权我们应该怎
　　么办，或者说是公安交警这样做可以吗？

答：需要根据现场路网条件做精细化交通组织设计！

匠国小土著2016-03-01

问：然而在中国，自古以来居住环境便趋于封闭，无论是北方的四合院还
　　是南方的院落，都是体现这一思想，想要改变，我想不仅是改变一种
　　建设模式，也是对传统观念的一种怀疑，您怎么看待？

答：我相信中国社会向公民化、民主化渐进的趋势是不可阻挡的。

孙小马…℃2016-03-16

问：杨老师您好！很高兴有这样的机会与您交流！我是咱们院的一名实习
　　生，这里的工作氛围给我留下了深刻印象。在南京游玩时发现南京很
　　多路口都设置了右转信号控制。因为我的硕士论文是关于右转信号控
　　制的动态控制的，但是当时被几个老师说我研究的右转信号没有多大

意义，深受打击。想问您一下有没有研究价值？

答：我想先听听你是怎么看的？

问：如果行人和司机安全意识足够好，右转灯多数情况下只会降低驾驶效率，在北美发达国家有右转灯的路口不到百分之一，所以根源还是提高人民基本素质，不知道杨老师怎么看？

答：首先，研究无禁区，何况你选择的这个研究课题不是一个无关紧要的课题，而是生命交关，又是被忽视的基本空白的要题、好题！其次，这个题目的研究关键之关键是如何在有限的时空资源约束下，平衡安全与效率的关系，人与车的关系。第三，按照生命之上、以人为本的原则，交叉口右转信号相位设置应当以确保行人和非机动车过街安全和效率为前提。第四，为了动态协调和平衡安全与效率、人与车的平衡，可以将右转机动车信号灯与触摸式行人过街信号灯协同使用，你可以在这个关键点上深入研究这两种信号相位设计的原则、标准、模型和算法，并开发相应软件。如果能有所创新和突破，不但在理论上是对交通工程学科的重要贡献，而且在实践上更具有广泛推广应用价值。祝你成功！

云初2016-03-22

问：对付开远光灯的行为，目前有什么高招？

答：我也是特别讨厌远光灯！人命关天，希望交警严查重罚！

23581906672016-04-09

问：网上有人说："前些年，中国大陆每年交通事故的死亡人数，曾经有过6万多和16万多等多种说法，而世卫组织公布的2015年世界交通安全报告称，中国在2013年交通死亡人数为261367人。"——10万？20万？哪一个准确。

俞晖2016-04-10

说：对于哪种正确，确实我无法考证。但我能确认的一点，作为交警，无论26万、6万、6千、6百…6，都是难以接受的，想起了一部公益短片，我们期盼的数字是0！零死亡！对，零死亡！——不想说啥，用心负责地做好手头每一件事，哪怕是周末一早，与大家一起交流，都是幸运的、幸福的！都是向这个目标迈进！

答：确实，我跟俞警官的心情一样沉重！每一个人的生命是无价的。我们都是做交通行当的，不管是做规划的、设计的、建设的，还是做管理的、营运的，都必须把安全放在首要目标和首要职责！交通安全绝对不单单是交警的责任。很多问题和症结需要从规划、设计、建设等源头上寻找和解决！

俞晖2016-04-11

说：感谢杨院长，小交警敬礼！

明朗的心，☆2016-05-30

问：如何看待按需出行这种交通模式在中国未来的发现前景？

答：你说的这种模式我第一次听说。基本上所有出行都是有目的的需求。到每一次出行需求包含了出行目的、出行方式、出行时间、出行路径、出行终点五大要素，除了出行目的是出行产生的本源相对不可选择之外，其他要素都是可以选择的，也是可以调节的。而不同的选择其出行时效性、经济性、舒适性、安全性、可靠性等都是不同的。为了城市交通整体安全、高效、低碳、低耗等，需要通过合理的交通政策对出行需求进行引导和调控。因此，你说的所谓"按需出行"模式似乎是不存在的，也是不必要不可行的。

北海巨妖2016-05-18

问：1. 我想问下怎么判断一个城市道路规划成功与否，是通过什么数据指标来判断。

2. 我看到您提到地铁的开发要与服务相结合，想问下你们通过什么指标或数据怎么预判供需，交通的布置又是通过怎样的逻辑来分析推导。主要想看下实例介绍！

答：1. 道路网规划合理与否，主要判断一是道路网布局与城市地形地貌、土地利用是否协调，二是看道路网体系功能层次、体系结构是否合理，三是看道路网密度、尺度是否合适。

2. 公交与土地开发的结合十分重要，关键看公交站点300米服务半径能覆盖到的人口、就业和各种活动，看公交服务的方便性、可知性、可靠性，看土地开发与公交服务能力的匹配性。

叶宸铭2016-05-31

问：杨董，你好！何为静态交通？有没有标准的解释？此外，就我国的静态交通规划、管理现状，你如何评价？

答：静态交通是相对于动态交通而言的。包括了机动车、非机动车停放，公交客运停靠与存放，养护，货物停靠、装卸、存储等。涉及停车规划、公交客运场站规划、仓储物流及配送规划等一系列规划编制及相关技术标准。

xff2016-05-29

问：杨院长好，我是一名交通专业应届本科毕业生，即将进入公共汽车公司工作，也实习了一段时间，感觉企业的主题词是"增收"，跟学校里"治堵"的主题相去甚远，学校里学的东西是不是太虚了？这两方面又该怎么结合？

答：作为企业，"增收"理所当然是企业的主题。但作为公共汽车企业，主题不单单是"增收"，更重要的是"服务"。服务是公交企业义不容辞的责任，也是公交企业增收的基础。至于学校学的交通工程专业，"治堵"不是本专业最重要的主题。交通工程的主题是研究人、车、路及其环境的协调解决方案，以促进交通运输的安全、高效、环保、经济等目的。

问：现在我们公司推广的"如约"巴士是一种创新型服务，既是顺应互联网时代的产物，也是在业绩下降压力下被迫推出的，但是现在这种定制公交乘坐的人实在不多，请问杨院长有何高招？或者有没有新的创新型服务方式呢？

答：有兴趣。请详细告知具体细节：城市、地区、定位、价格……

问：我们的公交业务是在广州市区。我们在"如约"上做了不少努力，比如建立乘客的微信群，组织员工到社区做推广，但是与互联网企业合作倒是没有。4月份第一条试运行线路现在取消了：是从一个小区跑到地铁口，10天跑了8班车，只载了47人（一辆车满载量的2/3），车费人均3元，营运里程共56千米，千车千米收入2589元（正常为5000~6500），最后分析原因就是那个社区做生意的人多，上班族少，不适宜弄如约。另一条就比较成功，也是小区到地铁口，千车千米收入达22750元，但仅仅试运行了1班车，载43人，跑8公里，人均4元，目前还不能确定究竟好不好。大概情况就是这样。

答：这个问题顾啸涛已经帮我回答得很好了。我想补充的几件重要事情是①市场调研；②营销策划；③合理定价；④培育客流……

哦2016-08-08

问：您好，请问您对于目前中国市域铁路的规划有什么看法？与国外相比如何？

答：问得好！中国城市人口基数、土地资源底数、土地开发强度决定了轨道交通是中国大中城市不可或缺的主导交通方式！市域轨道交通也是其中的重要组成部分，尤其是对引导未来中国大中城市紧凑集约精明成长，具有关键意义、决定意义！

lee2016-08-23

问：杨院长您好，请问益阳益宁城际干线快速化的过程中，主线是上跨好还是下穿好？上次讲座您推荐下穿，请问为什么？

答：快速路与横向道路相交采用下穿方式，主要是为了保护城市景观、环境，避免造成视觉障碍、降低粉尘与噪声污染。下穿方式的缺点是造价要比上跨高。但现代城市更要突出以人为本，更加重视环境保护，所以原则上推荐采用下穿方式。当然如果在特殊地形下也不排除采用上跨方式。

不吐不快2015-10-21

问：在您看来，跟苏南其他同类县级市相比，江阴的交通建设和城建是不是最差的？

答：据我所知，近20年来江阴的城市与交通建设取得的成绩还是很大的，在苏南县级市中也可以说名列前茅的。当然，与昆山、常熟比可能有一定落差。

不吐不快2015-10-21

问：杨院长，随着未来江苏省包括南沿江，连淮扬镇以及沪通等高铁的建成。节假日江苏境内高速特别是江阴，苏通大桥的拥堵会不会得到有效的缓解？

答：江苏的铁路网规划我怎么看都看不懂！

问：江苏的铁路规划有什么问题么？是线路规划不合理还是设计时速，或兼而有之？另外，请问您看好省政府提出的2017年开建盐泰锡宜城际的规划么？

答：近期分别出差浙江、安徽、陕西、湖北等省，各省都高度重视并积极推动高铁和城际铁路规划建设，尤其是国家运输通道和省会辐射通道的高铁规划建设。江苏虽然也在推进相关铁路工程建设，但路网规划和建设时序均存在严重缺陷！第一，试图有意绕开世界城市国家中心城市长三角核心上海；第二，不重视省会南京；第三，不与大沿海大沿江以及东北至西南的国家大运输通道切合协同；第四，过度迁就工程导向和短视的地方意向。其结果，第一，难以真正响应一带一路、长江经济带、沿海开发等国家战略；第二，难以让苏中、苏北与上海、南京等核心城市连接，接受他们的辐射带动；第三，长时期难以有效吸引客流带动沿线发展；第四，必将造成巨额投资成本沉淀；第五，错失难得的城际铁路建设带动区域协同协调发展的战略机遇；第六，苏中、苏北，甚至南京有被国家高铁通道弱化的危险。徐连客专的建设标准绝对应该以360千米/小时的时速进行建设，否则无法向后人交代。强烈呼吁我省领导和交通、铁路主管部门继承和发扬过去20年成功打造跨江通道和苏北高速公路网规划建设的精神与智慧，尽快对城际铁路规划建设引起重视，亡羊补牢，积极作为，奋起直追！

膨胀的派2015-10-11

问：杨教授，请问宁启高铁建成后，江北城市带的公路网密度会像江南一样吗？有没有指标？是多少？

答：可以相比，但不可能一样。关键是呼吁和推动大北沿江高铁和大沿海高铁的规划建设！

9 南京交通建言

解答网友比较关心的南京交通问题

（null）2015-09-22

问：您好！请问南京新街口片区人行交通的规划设计有什么指导原则？本人每次到新街口逛街吃饭都感觉到交通的不便。主要有两个槽点：一是为什么不设置人行天桥系统？全是地下通道，对初来南京或者方向感不好的人来说是个不小的挑战；二是十字路口车行道和人行道之间为何用栏杆封闭？有时过街要走很远....

答：你说的这个问题确实是的，我也有同感！据我所知，在多轮新街口城市设计中均有南北、东西跨路二层步行连廊的设想，但是这样的老市中心更新实际操作中是很难实现这个设想和愿望。借助地铁建设实现地下沟通恐怕是唯一的机会。另外，新街口中心的尺度很大，完全靠步行来联通四个象限，其实也是很不人性的。我们与中规院20年前合作编制新街口中心区交通改善方案时我就提出动员公交公司与各商家联手在新街口开启一条8字形免费接驳公交线路,当时分管市长罗志军同志,他很支持这样的方案,可惜由于当时公交公司正改制,方案没有实现。上上周与交通局领导讨论交通白皮书修订专题,我重提此事,交通局领导也是很支持!如果这个方案得以实施,可以为广大市民游客在新街口消费购物观光提供极大便利;可以提升新街口商圈的人气和盈利空间;可以减少新街口机动车出行与停车需求。真是一举多得的大好事!我将继续积极呼吁推动,希望媒体和广大网友积极支持共同呼吁!

jhwj2015-09-22

问:南京有一些新城区有自行车出租,方便、环保,百姓点赞!但一些老城区并没有这方面的设施,您了解这方面的规划情况吗?

答:你关心的问题正是我今年人代会的提案!据了解老城区公共自行车规划已经编制完成,汉中路沿线部分公共自行车已经投入使用,老城其他地区公共自行车将陆续投放。我也十分期盼老城区公共自行车尽快推广!

立志在青年2015-10-02

问:杨院长您好!同属于江南重镇,南京开通玄武湖隧道比杭州西湖隧道早了很多年,并很早提出井字交通规划战略也很有前瞻性,这些举措让南京在省会大城市中的交通是最畅通的,这一定得益于杨院长的规划跟建议。再次向您致以崇高的谢意!现在的交通拥堵有很大一部分是人为因素造成,比如随意变道造成事故……

答:谢谢您的夸奖!南京快速路网布局规划最早在20世纪80年代中期徐吉谦教授主持完成的第一轮综合交通规划就提出了大胆设想。也吸收了许多国内权威专家的智慧和建议。这些不是我的功劳。我在推动地铁建设、综合枢纽、公交优先、次干路和支路建设等方面尽了绵薄之力。

立志在青年2015-10-02

问:比如交叉口红绿灯之间间隔过短,通行的车辆没有完全驶出路面,放行车辆就开始行驶也是造成拥堵的普遍现象,如何从软件方面提高车辆通过率,这方面想听杨院长谈谈。

答：这些细节确实十分重要。南京是国内最早也是做得最好的。畅通工程示范城市的称号名不虚传。不过近年来有大退步的迹象，城市道路交通建设与管理的粗放化、低俗化正在回潮，十分遗憾！

czar661252015-10-03

问：南京市区很多机动车直接在人行道以及盲人通道上大肆行走、速度极快，您对此怎么看？我们市民该怎么保护自己？

答：我们的汽车交通法制和汽车交通文明几乎还处在农耕社会之前的洪荒野蛮时代！所以，尽管新加坡的鞭刑听起来很恐怖很不人道，但是，对于将汽车开到人行道上还不减速的，就应该见一个抓一个，并施以鞭刑一样的严罚！

智商为负2015-10-04

问：我想问双桥门立交桥是哪一位大师设计的？我想每天由南向北通行在桥上交织的司机有很多是想有幸结识这位大师的。

答：双桥门立交规划设计以及与此立交关键的机场路、机场二通道等规划设计和建设的确存在不少问题。至今有关部门还没有完全理解和领悟导致双桥门交通日趋拥堵的深层原因，有些已经既成现实，无法更改，有些还在拖延，令人遗憾。

修身齐家2015-10-07

问：建议南京地区，①对老旧房屋拆除后，一律选择修建停车楼，尤其是带充电桩的停车楼！现在南京停车位缺口60万一上午，还强行罚款就是政府不讲道理！②新建区域严格控制人口密度。③南京要尽快启动限牌政策，否则南京会很快成为堵城！④对所有双向四车道高速公路请尽快一律改建为至少双向八车道！

答：感谢您对南京交通发展的热心关心！南京目前道路交通状况相比其他同类城市要好，得益于南京综合交通规划、建设、管理以及相关政策相对科学理性。南京正在编制新一轮交通发展白皮书，要研究和回答未来5～10年南京交通发展最关键性的问题、目标、方向、政策与行动纲领。欢迎您和其他网友积极建言献策！

芝麻开门2015-10-07

问：专家好。

（1）南京太平北路路段原先红绿灯十分密集，这样设置的出发点是什么？目前地铁工程结束，是否会恢复到原先的状态？我们自己开玩笑说是交通信号科学院在拿我们做实验^_^

（2）北京东路上军事用地无法协调，学校路段高峰期始终是个堵点，是否可能考虑安排其他方案实现绕行或缓解？

答：太平北路信号灯除了与北京东路、珠江路、长江路等干路相交的交叉口信号灯外，还有文昌桥出口、学府路口、花红园路口、长江后街路口等，主要是为了确保行人过街安全，尤其是东南大学师生、成贤街小学师生以及1912街区游客等的过街安全。该路段的信号灯是联动控制的，通行效率是比较高的。

问：北京东路上的北京东路小学及其相邻的南京外国语学校是两个常态性堵点，又是北小门前。10多年前，为了缓解北小门前交通拥堵，当时的王宏民市长决定将兰园路拓宽，围绕兰家庄实行单向交通组织，取得了明显效果。我当时真的蛮佩服王市长居然能想出如此专业的妙招！正像您说的，现在已经再没有可用来分流的道路可建，北京东路交通拥堵再缓解的难度就很大了。不过随着地铁3号线，尤其是4号线开通，可以成为北京东路交通长效化的分流缓堵措施。

王啄之2015-10-10

问：院长，我就想问您的研究政府在多大程度上能够采纳呢？我们平民提的意见政府何时可以听得到并且作出回应，如果这一切都是民间的闲聊，政府部门并不参与，我觉得一切都是浪费口舌。另外我不知道您平日是否开车，南京城市道路交通指示系统之混乱，你们的研究又提供了多少弥补价值。请一定回答我的问题！

答：您好！南京的交通规划在改革开放之初在全国率先开展，随后一直走在全国同类城市前列。南京交通的交通建设、交通管理总体上是按照相对科学的规划和研究成果为依据和支撑展开的，因此南京建设的道路网、轨道网、公交网等是比较合理的，与南京的地形地貌、城市空间布局、人口功能分布及交通源流的分布相匹配的，建设时序安排也是相对合理的。南京交通管理在改革开放之初就是国家七五科技攻关项目"大城市交通控制与管理关键技术"的试点城市，20世纪90年代至今也一直高度重视引进吸收和创造先进的科技科学管理理念技术和手段。正因为这样，尽管在城市化、机动化、市场化、富裕化等叠加效应下，南京交通也面临巨大压力，但相比其他同类城市，南京交通状况是全国最好的城市之一。当然，不可否认，南京交通建设发展中也同样存在权力任性、部门扯皮、政府失位、错位、越位等现象。好在南京的专家、媒体和公众积极建言献策，主动批评监督，往往也能被政府及时采纳，发挥了很好的效果。感谢您的关心支持！

问：虽然您没有回答我的问题，但是还是感谢您的回复！

答：抱歉！我的回答不够全面针对您的问题。补充回答如下：①在法律层面上，行政决策必须依法决策，城市建设决策，无论决策过程还是决策内容，均必须符合城市总体规划及其相关规划和国家对基本建设程序的规定和要求，否则决策者将承担违法决策的风险与后果。实际层面上，无论是各级党委还是政府（当然包括南京在内）行政决策，无论程序上还是实体上，总体上都是符合法律要求，符合相关法定规划的。包括我们院在内，无论本地院还是外地院，我们所承担完成的规划设计成果，绝大部分是政府根据相关法律法规要求指令或委托的，经法定程序批准后作为政府决策和具体城市与交通建设的依据和实施方案的。当然不排除个别例外，但凡例外，决策有关当事人必定存在被追究的风险和隐患！②决策的民主化正在逐步推进。包括人大、政协、专家学者、新闻媒体、公众百姓在内，都可以通过各种法定的或非法定的渠道和方式，向党委政府建言献策和批评监督。只要是合理化的意见和建议，都是会被采纳或参考的。以我个人为例，我作为人大代表、专业人士和南京市民，经常给政府领导和有关部门以书面、电子或口头形式提出意见和建议，绝大部分被采纳了。③您反映的南京一些地方的交通标志标线和信号灯设置不合理，肯定是存在的。您可以直接向交管部门反映和建议。

修身齐家2015-10-10

问：杨院长，南京的出租车太少了，5年前买车的主要原因就是高峰期干着急打不到车！身边很多人买车也是同一原因。目前还是这样！

答：对比发达国家水平，南京的出租车数量已经不少了，问题的关键是公交能力和服务水平跟不上乘客对高品质多元化公交服务的需求。

望远镜2015-10-21

问：为南京市区内环以及江东中路、扬子江大道的快速建设成功而骄傲，不过停车是特烦的！当看到北京西路西康路口在建设一座立体停车场时，我还是佩服南京规划人，若开辟马路路边停车，也是停满车，道路利用率降低很多，在拥挤的市区里建设立体停车场的长久社会效益肯定很好。院长有没有规划更多的立体停车场？

答：我们院近20年做过多轮公共停车场规划和选址，有一部分已经建成，如夫子庙、大行宫、朝天宫、五台山、狮子桥、火车站等。还有很多没能实施。已经建成的主要是政府投资的。关键还是没有真正形成市场化和产业化的政策保障和制度保障。因此，光有规划其实还是不能真正推动停车设施建设和停车问题改善的。

清风乱翻书2016-03-06

问：杨院长好，我是海外留学生。我认为相比其他国家，中国政府在短时间内就对雾霾作出的有效控制，成效显著。希望能再借用您的宝贵时间问几个问题。南京为什么不像杭州等其他城市一样也推行限牌令？政府在房价控制方面的经验能否借鉴到治理雾霾上来？贵部门在治霾和治堵行动中的角色是怎样的？

答：南京与杭州同属发达省会城市。人口、经济和机动车保有量基本相当，城市格局和路网条件也很相似。但是，南京至今不限牌，道路交通状况远好于杭州。南京拥堵指数排全国省会城市第26名，杭州基本稳居全国前三名。南京为什么那么幸运？是的，南京很幸运有一批负责任、敢担当的城市与交通规划的老专家和部门领导；南京很幸运及时建立起了高水平的城市交通规划和管理科研机构，发挥了重要智囊作用；南京也很幸运，几届政府听取采纳了专家和咨询机构的正确建议与方案：及早举起并有效推进了公交优先战略，合理规划建设城市快速路网，避免了快速路直插市中心；持续推进科学道路交通管理和差别化多元化的交通需求管理。

claycroft2016-04-16

问：杨董事长，目前南京民间有一个很高的呼声：就是南京机场未来与高铁绑定，成为超级交通枢纽。例如国内的虹桥枢纽、成都双流枢纽、贵阳机场枢纽，在建的武汉机场与高铁枢纽、郑州机场、高铁双枢纽等例子；而国外凡是建设高铁的国家，无一例外国家最重要的空港，都是高铁港！请问南京市有没有规划？谢谢。

答：您说得很对！我们在10年前就考虑将城际铁路（扬马城际）、城市轨道（S1线）引入禄口国际机场，形成对南京主城和都市圈都能通过轨道直达机场的空港综合客运枢纽。目前从主城通往机场的轨道交通S1线已经建成，从高铁南站直达禄口机场T2航站楼。通过电动扶梯直接到达候机厅。前不久，我已以省委省政府决策咨询专家身份，专门向省政府书面谏言，利用淮扬镇城际铁路南延契机，启动扬马城际铁路相关联络线建设，使淮安、扬州、镇江、马鞍山、芜湖等南京都市圈城市均可通过城际铁路直达禄口机场航站楼。希望我的建议能得到省和国家相关部门及领导的重视和采纳！谢谢您的建议！

博尽啊2016-06-01

问：假设南京也收拥堵费，你们能分到一杯羹吗？

答：第一，南京应尽量采取主动性交通发展策略，避免采取被动性的限牌、限号或增收拥堵费措施；第二，如果任由小汽车低成本拥有、使用和违章违法，也难免被迫采用限牌限号或拥堵费措施；第三，如果实施拥堵费，与我们公司经营没有关系。

cctv116882016-08-23

问：南京限牌的可能性有多大？会采用何种方式？听证会如果请你去，您的意见是？谢谢。

答："听证会"是无良销售商故意编造的谣言！造谣者已被警方拘留。我们当然首先应当采取积极主动的引导措施，包括大力发展公交，实行道路资源供给侧改革，将更多的道路交通资源分配给公交、步行、自行车，努力改善步行、自行车、公交及其换乘的安全性、便利性、可靠性，差别化的停车供应与价格调控，提高汽车拥有与使用成本（如提高注册费、燃油税税率），优化交通网络布局与建设供应的效率等等。如果这些主动措施能有效实施和执行，那么很可能不用实行被动的限牌限号下策措施。但是，上述主动措施有些不是地方事权，如果中央政府不作改变，地方政府就很无奈；同时，地方政府能做的事情也往往由于认识偏差或执行偏差不能延续，也就很难保证交通拥堵得到有效缓解。基于这样的分析考虑，我们就不敢也不能承诺南京一定不施行限牌限号措施。

dbsail 2016-05-26

问：听说深圳准备搞自行车高速公路了，南京有没有计划？自行车出行还是很方便的，能锻炼身体。就算因为我国现在骑车快的不多，修建自行车专用道也能像民众表达政府对于这种绿色出行的意愿啊。

答：深圳不谈它了，一面对城市的自行车、电动自行车歧视猛打，一面又去郊外建自行车高速公路！南京一直对城市自行车、电动自行车比较友好和包容，也建了200多千米绿道，还投入了6万～7万辆公共自行车。南京现在需要做的最重要的事情就是清理次干路、支路、街巷被小汽车停车侵占的空间！

10 电动自行车

如何看待电动自行车/汽车的发展和影响?

释然的笑2016-01-03

问：电动汽车越来越多了，但是好多小型电动汽车不上车牌，却走机动车道，希望国家尽快出台关于规范电动汽车的法律法规。

答：您所指的不上牌的小型电动汽车是指真正的电动小汽车？还是指电动三轮车？电动摩托车？电动自行车？据我所知，除了电动自行车以及称为"电动自行车"但实际超标的电动摩托车目前存在大量不上牌就上路的情形外，其他的电动汽车似乎极少敢不上牌就上路吧。

王昀2015-10-15

问：电动摩托车太危险，杨院长认为应该怎么管？

答：国家是到了对电动自行车立法规范管理的时候了。一禁了之不可取，是粗暴；一概不管更不可取，是失职。最关键是明确界定电动摩托车与电动自行车的区分。凡时速26千米/小时，应归为电动摩托车，按机动车管理，必须有驾照、戴头盔、走机动车道。

释然的笑2015-12-16

问：请问电动汽车充电桩的建设问题，到底是由谁建，谁来维护，现在有明确规定了吗？

答：充电桩布局规划应该与加油气站规划一样由城市规划部门组织，并纳入城市控规中。至于建设，可以采取政府与社会多元化投资渠道来实施。

单立人2016-06-16

问：电动自行车，速度与机动车、自行车都有明显差异，是否有条件的道路可以设置专用车道？

答：值得尝试。台北对于摩托车就有类似做法。

A1红豆居家2016-02-12

问：老师好，我想问一下，我这边是在无锡锡山区，全国大部分的电动车都出自这里，我们这边有企业，也有家庭式作坊，我想问一下，这样的环境可以为想在电动车领域创业的人带来机会吗？对于这样的环境该如何寻找突破点以及提高这边专业水平？

答：电动汽车是全球关注和积极推动的新能源汽车！又是相当复杂的高科技技术。至今国际上电动汽车技术已经比10年前、20年前取得了很大进步，但还远没有达到成熟稳定和大规模推广并替代燃油汽车或燃气汽车的程度。您说到的无锡的情况我并不十分了解。

少说为妙2016-05-09

问：杨院长您好，现在中小城市有好多电动汽车打着老年代步车的幌子什么手续也没有，这样合法吗？应该由谁来管？

答：不合法。这是交管部门的责任，他们应当尽职，给予严厉查处。

跋

　　承蒙中国建筑工业出版社支持，本人于2010年出版了一本小书《城市交通的理性思索》，并很荣幸得到了邹德慈院士和全永燊教授的热情作序推荐。该书出版后意外获得了广大读者的欢迎和好评，很快脱销，重印后再次脱销，令我倍感欣慰和鼓舞。

　　近些年来，我国的综合交通运输取得了新的长足发展与进步。尤其是以高铁和"共享交通（包括网约出租车、网约自行车等）"等为代表的区域与城市交通新技术、新模式极大改变了中国区域与城乡交通格局面貌。业界和民间对交通新技术与新模式的创新探索热情进一步高涨，"云轨"、"巴铁"、"自行车高速公路"等等新概念、新话题应接不暇。这些新发明、新探索既对综合交通理论研究与应用实践提供了新课题、新路径，同时也带来了许多新挑战、新思考。其中对于网约出租车、网约自行车的功能定位、发展政策、管控措施一度成为党委政府、行业部门、专家学者、媒体公众乃至海外各界等共同关注的热点话题和迫切课题，在中国当代宪政史上实属罕见！而"巴铁"事件更是从一开始的业余发明，到突然的媒体热捧，再演变为金融诈骗案闹剧，令人触目惊心！在此期间，笔者本着对专业的兴趣热爱和对行业与社会的职责使命，第一时间以专业的科学原理和理性分析判断，主动发声，释疑解惑，意图引导媒体、公众和政府对这些热点问题回归到客观冷静理性的认知、判断、决策。这些声音获得了较好的业界支持与社会反响。

　　本书《城市交通的启蒙与思索》与上一本小书《城市交通的理性思索》一样，所收录的也是我近几年来针对上述热点问题，响应政府领导指令、多家媒体采访以及本人出于对专业的热忱与责任所撰写或发表的一些评述、访谈和博客、微信及问吧稿件。读者可以将这两本书当成姐妹篇，对照阅读。中国城市交通依然承受着日趋严峻的道路交通高饱和、高拥挤的困扰。党的十九大提出了建设"交通强国"的命题与目标。城市交通发展也是一场持久的战争。未来中国的城市交通发展还将面临更多的新挑战、新课题，也必定产生更多的新理念、新技术、新模式。笔者尽管已近花甲耳顺之年，但依然有志保持对专业的兴趣热忱和对百姓出行及健康家园的责任使命，继续关注国家和城乡交通热点问题，积极思考探索城乡交通新思路、新理念、新技术，发声不止、笔耕不辍。

衷心感谢我多年来深深敬仰、视为知己兄台的同济大学原副校长、交通运输学院原院长杨东援教授，承蒙他为本书欣然命笔、错爱作序！衷心感谢我的硕士研究生王梅帮我做了大量的文字整理和图片处理工作！衷心感谢澎湃新闻与澎湃市政厅记者王韵女士、中国交通报蔡玉贺社长、杨宏岩记者等众多媒体记者与编辑的厚爱支持！再次深深感谢中国建筑工业出版社陆新之主任、编辑焦扬女士的鼎力支持和辛勤劳动！再次深深感谢我亲爱的妻子谢华女士对我这个爱管闲事、常常在办公室夜不归宿，回了家还夜不能寐的夜猫子的包容与支持！